张延成——著

言研究方法论

十讲

YUYAN YANJIU FANGFALUN

SHIJIANG

新疆大学 出版 社

图书在版编目（CIP）数据

语言研究方法论十讲 / 张延成著． -- 乌鲁木齐：
新疆大学出版社，2023.7（2024.1重印）
ISBN 978-7-5631-3104-4

Ⅰ.①语⋯ Ⅱ.①张⋯ Ⅲ.①语言学—研究 Ⅳ.①H0

中国国家版本馆CIP数据核字（2023）第125023号

语言研究方法论十讲

著　　者　张延成
出 版 人　和　谈
责任编辑　康鹏旭
责任校对　许志琛
封面设计　王　洋

出版发行　新疆大学出版社
地　　址　乌鲁木齐市胜利路666号　邮编：830046
网　　址　http://cbs.xju.edu.cn/
电　　话　0991-8582431　0991-8582182
经　　销　新疆新华书店发行有限责任公司
印　　刷　三河市金兆印刷装订有限公司
版　　次　2023年7月第1版
印　　次　2024年1月第2次印刷
开　　本　787 mm × 1092 mm　1/16
印　　张　10.25
字　　数　166千字
定　　价　58.00元

前　言

　　语言作为人类认知的符号系统,关涉人类社会方方面面,具有思维、交际、文化的多功能性,其学科性质呈现多样化,研究范式既有自然科学与技术取向,也有人文、社会科学取向。不同取向,方法各异。语言研究纯科学方法范式有归纳演绎、验证逼近等方法,有技术取向的自然语言处理等区分基于规则和基于统计的路径。传统人文社科取向的研究,长期以来在方法论上重视区分定性与定量、历时与共时。就语言研究方法的教学而言,既要有顶层的"第一性"思考、哲学高度的反思,也要有语言学内部分科研究和外部跨学科研究的方法论细节,俾便旨趣各异的学习者对比选择与灵活运用。

　　《语言研究方法论十讲》一书,作为教材突出创新思维与学科通识的培养,紧紧围绕语言学理论创新和方法革新的主题来编排内容,这与同类教材所不同。首先,在内容上不做语言学史的改头换面,也没有历史比较方法、结构主义方法、语言类型学方法以及认知、功能、生成派等理论因袭转述,因为这样的教材和资源随处可见。其次,我们更重视治学门径、思想坐标、研究通识以及学术创新意识的培养。面对前沿理念(如大数据、云计算、因果推断论、复杂系统观等)、先进方法(虚拟现实、信息可视化、语言编程等),不止于介绍,更在于兼收并蓄、熔铸新知。最后,善于将语言学方法论与当代科学范式、科学发展趋势结合起来论述,以培养学生学科通识,并将这种编排理念贯穿于教材中每一章节字句。

　　本教材特点如下:注重科学性与系统性。按照教育部规定的高等学校语言学教育三个层次教学体系的指导,我们力争做到内容取材新颖、体系科学、知识技能要点突出。力图做到遵循教育和学习规律,优先注重内容在应用上的层次性、适当兼顾理论上的系统性。注意区分陈述性知识和程序性知识，培养学生元认知策略，启发读者举一反三，从语言方法论入手获得一般方法论共识，进而从共识高度提升语言学理论思维水平。

坚持理论与实践相结合。本教材是在教学讲稿、讲课录音以及师生研讨记录的基础上修订而成，具有鲜明的实践性和针对性。突出培养学生运用所学理论知识分析问题与解决问题的能力。本教材融原理、方法、应用于一体，注重培养学生理论思维能力、动手能力和社会服务意识。设计实践实习作业，要求以小组为单位完成规定的实验及实践环节。将抽象的理念和方法（如演绎法和归纳法）落实到基于具体问题的讨论中。本教材偏重于汉语语料实际的分析。

本教材以理论创新为最高目标来权衡"道"（语言学理）"器"（研究材料与工具）之间的关系。力主运用当代最新工具、最新数据、最新理论以及相关科学知识，解决时代条件业已具备的最新、最适切的问题，尽可能开拓新的研究领域和研究范式。本教材从语言学第一性原理思维出发，在语言研究对象、语言单位、理论与事实、理论竞争、创新思维、跨学科方法、语言应用等话题反复申论"形而上下"之关系。

由于本教材主体在讲课录音上整理，语言风格在成稿时还不能做到完美协调，敬请读者谅解。语言学理论和跨学科研究领域广大无边，笔者学殖不深很难轻松驾驭，不到之处，敬请方家批评指正。

张延成
2023 年 1 月 12 日

目　录

第一讲　阅读导引

　　"语言学方法论"起讲方式多样,我们曾以讨论"语言事实和理论的关系"引进,也曾以"语言学最小单位"的话题导入,还有从"语言研究对象"的论题开场。根据诸方反馈,本书选择从书目及其读法开始。大致涵盖语言学本体方法论学习和跨学科方法论学习两个方面,分语言学名著名文、语言学方法论专著、语言方法论杂著、其他学科方法论参考四个专题。需要申明的是,这里提到的书不要求本本俱读,读者根据我们的分类举例领悟方法论文体的场域并学会自我选择阅读才是本书的本意。读法上要注意精与泛、先与后的差别。

　　书目为治学津梁。张之洞《书目答问》①多被称述。鲁迅曾给朋友许寿堂的儿子开过一个国学入门书单②,胡适也开过《一个最低限度的国学书目》③,这两个书单明显偏重于文学和哲学,在当时激起不少公众和学者们的兴趣,却也引发了一些争议。梁启超认为胡适的书单开得比较差,里面竟然连《史记》《汉书》都没有,其中很多小说梁启超也没读过。任公抱怨说:"若说不读《三侠五义》《九命奇冤》便够不上国学最低限度,不瞒胡君说,区区小子便是没有读过这两部书的人。我虽自知学问浅陋,说我连国学最低限度都没有,我却不服。"后来

---

　　① 清末有刻本两册。 范希曾的补正本《书目答问补正》(商务印书馆2020)是通行的本子。

　　② 鲁迅所列书目有《唐诗纪事》《唐才子传》《全上古三代秦汉三国六朝文》《全汉三国晋南北朝诗》《历代名人年谱》《少室山房笔丛》《四库全书简明目录》《世说新语》《唐摭言》《抱朴子外篇》《论衡》《今世说》。见《鲁迅全集》第8卷第441页,人民文学出版社1982年版。

　　③ 胡适.一个最低限度的国学书目.读书杂志.1923.

梁启超开列了一个新的书单——《国学入门书要目及其读法》,述及诸书的版本、性质、特色、阅读方法等,其中还特别提及与语言学有关的"小学书及文法类书":"《说文解字注》段玉裁著,《说文通训定声》朱骏声著,《说文释例》王筠著:段著为《说文》正注,朱注明音与义之关系,王著为《说文》通释,读此三书,略可通《说文》矣。《经传释词》王引之著,《古书疑义举例》俞樾著,《文通》马建忠著:读此三书,可知古人语法文法。《经籍纂诂》阮元著:此书汇集各字之义训,宜置备检查。"①所述颇有见地,只是其中的《经籍纂诂》现在可以被宗福邦主编的《故训汇纂》②所取代了。

其实,国学基本书目,最扼要的还是黄季刚先生说的八部书,哪八部呢?程千帆(1981)在其《詹詹录》一文中引述说:"要精读几部书,打下根底。黄季刚老师主要在八部书上下功夫:《说文》《尔雅》《广韵》《诗经》《周礼》《汉书》《文选》《文心雕龙》。每部书都非常精熟。触类旁通,就成为一代大师。"黄季刚又说,若增益可为二十五书:经学十五书,为"十三经"加《大戴礼记》《国语》;史学四书,为《史记》《汉书》《资治通鉴》《通典》;子部二书,为《庄子》《荀子》;集部二书,为《文选》《文心雕龙》;还有小学二书,为《说文》《广韵》。黄季刚还指出,治传统语言文字之学须读十书,依时代为次:一《尔雅》、二《小尔雅》、三《方言》、四《说文》、五《释名》、六《广雅》、七《玉篇》、八《广韵》、九《集韵》、十《类篇》,这十种书中的前六种又为小学必要之书。黄侃先生对如何阅读传统小学著述还有不少精彩论述,可参见黄焯记述的《文字声韵训诂笔记》等书(详见下文)。

从语言学角度看,上述相关书目对研习传统音韵训诂之学、汉语史、方言学乃至语言史等都是非常重要的。此节主要是介绍与语言学方法论相关的书籍和文献。可以做如下简单的分类:

第一类:语言学名著名文

研习一门学科的根本之道就是模仿这个学科的重要著作和论文。这些名著名文是方法论研习的范本。每个研究方向都有不同的名作而且数量都不应很多。正如诺贝尔化学奖获得者福井谦一(1998)在《学问的创造》中指出的,任

---

① 见《梁启超合集》第4239页,北京出版社1999年版.

② 宗福邦. 故训汇纂. 北京:商务印书馆,2003.

何一个专业和方向,它的重要文献都应该不多的,与其整日跟踪学术发展的前沿,不如先吃透几本、几篇与专业相关的"四通八达"的基础书和论文。例如,汉语言文字学专业的《说文解字》就是"四通八达"的基础书。精读了《说文解字》,理论上小学十书都会有所涉及,它们是紧紧联系在一起的,有了这些基础知识,再去研究甲骨金文、楚帛汉简以及其他新出土文献,研究同源词,词义演变、研究上古文化、礼乐制度等等,就可能言人所未发。所谓"四通八达"的书要反复读,常读常新。在博士阶段,研究方向已经明确,需要选准一两本书进行精读。如果是汉语言文字学专业偏向古代的方向,更要好好读读《说文解字》。

如果研究现代汉语的语法、语义等,赵元任(1980)《中国话的文法》是一本很重要的书。这本书名为《中国话的文法》,实际上也可以说是一本普通语言学的书,只不过主要用汉语的例子来说明。该书方法论与布龙菲尔德(2008)《语言论》是一脉相承的,例如,关于语法组配的四种形式,与布龙菲尔德的论述可谓矩尺不逾。这部书是赵元任以描写主义方法为指导,在长期语料积累基础上对汉语进行深入观察和分析的结晶,触及汉语共性、个性研究与开掘的诸多方面。

赵元任在书中提出了很多原创性的思想,我们可以看到新问题的提出与解决,从中领悟方法论的运用。对于语言研究,它是一个立足描写主义深入切分的完整分类体系,如果现在改用生成语法、构式语法或韵律语法等再来观察汉语,就会发现赵元任的周详分类可以和新分类形成互补观察,就更容易受到启发,这样的研究才更有可能突破。例如,书中提到的数量定词,就是严格运用分布描写方法得出的语类,比我们现在某些书中用形容词、数词(包含语义方面的定义,不全然是功能分布定义)来分类更科学。在一般语法书中,一、二、三、四、五是数词,完全依赖于其语义上的数量表示,没有想到或没充分注意到其分布特征。按分布特征,例如,"我整天都在忙"中的"整"就是数量定词,不是某些人认为的形容词之类。目前我国台湾地区一个大型的近现代汉语语料库(Sinica Corpus)中所用的词类体系,主要就参考了赵元任的分类。

很多学者都受到这本书的影响,很多创新思想无不由此书而引发。例如,沈家煊(2012)一篇论文《"零句"和"流水句"——为赵元任先生诞辰120周年而作》写得很好,是见道之文,他从赵元任的"零句""斜配关系"等概念出发深入思考,提出主谓分离、名动包含、韵律语法间扭曲对应等新观点,进而逐步构建出颇具气象的"大语法"理论体系。由此可以看出赵元任在书中论及的问题对当代汉语研究仍有较强的指导意义。现在语言学界很少有人宣扬这本书的真正价值,并给予正确的评价。现在"本位""平面""界面""中枢"等提得太多了,如果看了这本书,就会发现这些词或术语都融合在一个清晰的方法论框架中。读通这样的经典就不易被别人的思想所左右,就不会人云亦云地"东倒西歪",就能够轻松辨别当代语言学和汉语研究的流派和生态,不会处于一种懵懂状态。另有《赵元任语言学论文选》可供参阅。

20世纪60年代,美国描写主义语言学方法引入汉语学界,引起了一场方法论的讨论,吕叔湘(1963)的《关于"语言单位的同一性"等等》对"同一性原则"在汉语语素、词、结构各级语法单位中的技术性应用作了全面、深入的研讨,是我国语法学界探讨结构主义方法最具理论深度的论文,也是应该精读的。

下面分类来讲一下各个层次的推荐书目。语言学中很多经典是属于常看常新类的,例如,索绪尔(2001)的《普通语言学教程》、布龙菲尔德(2008)的《语言论》。这些书每次看都会有新的启发,不管做哪个领域的语言研究,都能从中受益。我们当代语法分析方法深受描写主义影响布龙菲尔德(2008)《语言论》、布洛赫(2012)《语言分析纲要》、霍凯特(2002)的《现代语言学教程》、赵元任(1980)《中国话的文法》、(2003)《语言问题》、周法高《中国古代语法》都严格采用分布式描写法。这些书可以系统阅读、相互印证,学习起来便于融会贯通。时间紧的话,仔细研读《中国话的文法》就够了。应该注意到,上面这些书不少既是理论性、创新性和实践性很强的专著,也是非常接近语言学通识的教程,可以说是很全面的教程。例如,《现代语言学教程》中关于"历史语法非系统"的论述对当代语法史研究的价值,《语言论》中关于语言史、语言习得、语言教学和神经语言学等都有扼要的论述,而且它们也都论及第二位的符号系统——文字问题。对于大量的语言学书籍,我们要懂得有精读泛读之分。黄侃谓"读天下书,至死不能遍,择其要而已矣。"①我们发现,大家对精读容易理解,对泛读重视不够。泛读既不能花太多的时间,也不能只瞄一眼,更不是不读。国外的研究生要读很多书,不泛读不行,否则思路打不开,见识上不去。

下面以语法学为中心归纳一下不同流派语言学理论研读书目:

一是基础性的。看赵元任(1980)《中国话的文法》,辅之以朱德熙、陆俭明、邢福义的语法书。吕叔湘(1982)《中国文法要略》开中国语义句法、功能语法先河,是重要的补充,须精读或翻检查阅。古代的看马建忠(1898)《马氏文通》、周法高(1959)的《中国古代语法》(含构词编、造句编、称代编3分册)、王力(2004)

---

① 张晖.量守庐学记续编——黄侃的生平和学术.上海:生活·读书·新知三联书店,2006,第5页.

《汉语史稿》，中古和近代的看柳士镇（2019）、太田辰夫（2003）的专著。

二是生成派的。黄正德等（2013）《汉语句法学》在业内比较权威，熊仲儒（2013）《当代语法学教程》可以作为入门和提高的教材，辅之以温宾利（2002）、邓思颖（2010）、何元建（2011）、徐杰（2019）等相关著作。宁春岩（2011）《什么是生成语法》对生成句法的理论要点和前沿介绍比较明晰，必须参考。乔姆斯基《最简方案》的中译本有点难。古代的有梅广（2018）的《上古汉语语法纲要》。雷德福（Andrew Radford）等著英文版《语言学教程》是生成视角的概论性著作，对音系、词汇语义、句法和语言学跨学科研究的精要介绍都有当代意义。

三是类型学的。科姆里（2010）《语言共性与语言类型》（第二版）、刘丹青（2003）《语序类型学与介词理论》、陆丙甫、金立鑫（2015）《语言类型学教程》、世界图书出版公司（以下简称世图）引进的英文版 Lindsay J.Whaley（2009）《类型学导论：语言的共性和差异》，分项研究时可参考刘丹青（2008）《语法调查研究手册》。

四是功能派的。张伯江、方梅（2014）《汉语功能语法研究》（修订本），这本书不可取代，俾益理解分析单位不限于句子的情况。还可选看一些系统功能语法、语篇衔接、语用学的书。

五是认知派的。张敏（1998）《认知语言学与汉语名词短语》的理论介绍简明扼要，案例也很经典。兰盖克（Ronald W.Langacker）（2013、2017）《认知语法基础》鸿篇巨制两大卷已有中译本，适合深入研读。沈家煊《认知与汉语语法研究》（2006）及其《不对称和标记论》（2015）、石毓智（2006）《语法的概念基础》、屈承熹（2005）《汉语认知功能语法》都是理论和事实结合较好的著作。还有王寅编译的一些教材和论文集，如《构式语法研究（上卷）：理论思考》）。世图引进的英文版 John R.Taylor《认知语法》有中文导读可藉以了解概貌。

六是综合性的。陆俭明（2011）《在探索中前进——21世纪现代汉语本体研究和应用研究》涉及作者在新世纪对汉语句法语义、功能认知以及汉语应用研究的新探索。徐烈炯（2008）《中国语言学在十字路口》等都有方法论反思的意味。

不同时期的语言学家的论文选集有颇多方法论提示，找到适合自己口味和方向的应该反复研读。论文集方面有赵元任（2006）、吕叔湘（1984）、王力（1980）、周祖谟（2001）、朱德熙（1999）、邢公畹（2000）、邢福义（1992）等。

20世纪中国语言学总结性的著作，很值得学习和反思。"20世纪中国语言学丛书"涉及中国理论语言学、中国语言应用研究、中国少数民族语言研究、中国语言学大事记,以及汉语语法学、汉语词汇学、汉语俗语研究、汉语修辞学、汉语方言研究、现代汉字研究等专题。

语言学应用和语言生活方面的著作,本来不是本课程方法论的重点。桂诗春(1988)《应用语言学》是较早的简明读物。赵世举(2015)主编的《语言与国家》全面介绍了我国当代语言政策、语言应用、语言生活和语言服务各方面,是鉴往知今和富有前瞻性的著作。

另外,经常翻查语言学词典,对语言学方法的学习也大有助益。例如,沈家煊译的《现代语言学词典》①、管艳红译的《朗文语言教学及应用语言学辞典》②、陈慧瑛等译的《语言学词典》③等。出版时间早一点的如黄长著等译的《语言与语言学词典》④仍然具有极强的可读性和参考价值。

第二类:语言学方法论专著

这一类主要是书名和全书关键词中明确指出是语言研究"方法"或"方法论"的著作,例如,方经民(1993)《现代语言学方法论》这本小书,写得很简要,主要介绍的是经典结构主义和历史语言学的方法随着现代语言学的飞速发展,这本书的局限性已经很明显了。

徐通锵(2004)《汉语研究方法论初探》是一组论文集,反映作者将西方的语言理论、方法和汉语研究相结合而进行语言理论建设的20年多年的探索历程。书中反对"重洋轻中""理论脱离实际"的做法,明确"结合"应有自己的立足点,即应立足于汉语的研究去吸收西方语言学的立论精神。基于此,作者发现结构、变异和音变的相互制约关系:即结构的不平衡性产生变异,而变异的范围和方向则受音系结构格局的控制。作者又根据这种制约关系的研究提出语音的易变性和音系结构格局的稳固性的对立统一的理论和方法。从徐老门下走出的王洪君、袁毓林等优秀学者的研究风格都可以看到这种"结合"的影响。徐通锵还倡议"语义句法",认为语言的语法结构特点与其语言结构基础密切相关,

---

① 克里斯特尔著,沈家煊译. 现代语言学词典. 北京:商务印书馆,2000.
② 理查兹著,管艳红译. 朗文语言教学及应用语言学辞典. 北京:外语教学与研究出版社,2022.
③ 布斯曼. 陈慧瑛等译. 语言学词典. 北京:商务印书馆,2003.
④ 斯托克等著,黄长著等译. 语言与语言学词典. 上海:上海辞书出版社,1981.

这种结构基础可用"1"来表示。它是一种结构常数,以结构关联的方式与其他层面的结构形成一种相互依存、相互制约、组织有序、协同配合的函数关系,使语言能根据交际的需要而自发地进行自我调整。"1"是控制这种自我调整的"纲",因而可以成为人们观察语言结构的宏观视角。汉语的"1"凝聚于字,具体表现为"1个字·1个音节·1个概念",突出语义,使汉语成为一种语义型语言。印欧语的"1",凝聚于句子的结构规则,即一个句子必须有且只允许有一个主语和一个谓语,相互由一致关系维持;主语的位置只允许出现主格名词,谓语的位置只允许出现定式动词,词入句后必须接受一致关系和与此相关的规则支配而发生形态变化,从而使印欧语成为一种形态型语言。两种语言的结构基础的差异决定了它们的语法规则的重大差异,因此需要用不同的理论、方法去描写。这对我们研究共时语法结构系统以及历时句法演化都有指导意义。另外,其《语言论——语义型语言的结构原理和研究方法》(2014)对此有更系统的阐释,可以参阅。

朱晓农(2008)《方法:语言学的灵魂》一书思辨性和务实性处理得较好。读起来应该不是特别困难,但是如果读者之前对"形而上"的东西、思辨的东西、当代一般科学方法论想得少,还是有一些费劲的。作者是做实验和田野语音学出身,在田野调查和音系研究方面颇具功底,相关的例证具有启发性。这本书各章节内容不是一时而成的,时空和学理逻辑有一定跳跃,读时需要注意。这本书的核心思想是强调演绎逻辑的核心地位,主张"假设-验证"式的科学研究范式,值得初学者思考。但目前学界有过度强调演绎和证伪的倾向,这种观念看起来先进、科学,其实有点落伍了。司马贺的现代归纳法以及当代的虚拟现实、建模推演、复杂涌现、大数据相关性、质性研究、概率竞争等理念早就溢出了波普尔的"证伪"、库恩"范式"的方法论范畴,这是需要注意的。

金立鑫(2007)编著的《语言研究方法导论》自述为"更为接近形而下的方法本身(更多地接近分析技术)"。作者很努力地将写书时能见的国内外涉及语言学方法论的材料进行综合运思,并加以提炼加工,信息量较大,废话不多,便于模仿学习和参考。有一位对语言方法论颇有思考的语言学者评论金立鑫所编著的书说:"有的人在语言学方面没什么创新性成果,发的文章不多,却出书大谈语言学方法论",这样的说法不好。且不说金老师实际发表过有洞见的文章,哪怕没什么成果,若是就方法论做过长久独立思考并总结成书,也是应该肯定的。"方法论"是天下之公器,每个人都可以谈,不同层次、不同类型的语言学家、语言学人都可以谈。在资讯高度发达的今天,这种知识分享与碰撞,显然更有利于语言学的进步。这本书试图将语言学方法论概括为一个体系,颇见匠心。书中分学科论、工具论、技术论、解释论,所举方法案例都具有启发性,其中一些名词概念的提法比较私域和小众,如"板块理论""轨层理论"。学习时须注意吸收其理论的合理内核,并参考当下主流语言学话语体系加以创造性转化。

桂诗春、宁春岩(1997)所著《语言学方法论》是国内语言学方法论方面较早的著作,分为理论方法篇、描写方法篇、实验方法篇。这本书虽然涉及的方法比较多,但是与其他学科重复的部分也比较多,如实验设计、统计方法等,原创性内容反而不很明显,有点冗长。这本书可以选择性地泛览。这本书的序言不错,可帮助我们理解它的主旨以及作者关于一般方法论的宏观思考。序中谈及该书的范围:一是"当代的",像语文学、历史语言学就割爱了;二是"西方的",中国的考据学和方言学等就不谈了;三是"熟悉的",神经语言学之类不谈;四是篇幅所限,很多方法只能浮光掠影地介绍。需要提醒的是,语文学、历史语言学虽然被作者"割爱"了,但它们不是不重要,也不是没有新材料、新方法,更不是没有现代性、科学性,与它们密切相关的演化语言学业已成为当代一个强大的学科群,凝聚很多研究方向、产生不少新鲜理念。书中涉及的方法论是西方的,其实西方和中国的方法论是可以联合起来谈的。至于神经语言学之类,我们是不能苛求作者的。

马庆株组编,署名吕叔湘(1999)的《语法研究入门》收录了吕叔湘、朱德熙等我国三十多位在国内外有影响的语言学家漫谈语法研究的文章,共38篇。书名中"入门"二字名副其实。编选的材料有宏观论述、粹言警句,也有微观个案可资模仿。例如,《朱德熙先生论语法研究》一文就整理了朱先生在课程、会议、专著等不同场合中论及语法、语言研究方法的精辟言论。如"没有数学头脑的人,无法研究语言学""搞现代语法,必须读外文资料。要读点英文原版书,尽可能多读一点,细水长流,不读不行""眼高手低的毛病不在眼高而在手低,眼高手低总比眼低手低强,当然最好还是眼手俱高"等,都发人深省。书中"总论篇"是吕叔湘、朱德熙、邢福义等专家的精辟言论,而"视角篇"涉及语音语法结合、字词语义关系、语用和语法、逻辑与语法、自然语言处理与语法等,也介绍分布描写、变换分析、句法空位分析等具体方法。

王洪君(2014)《历史语言学方法论与汉语方言音韵史个案研究》分演变论、接触论、综合论3大部分14个专章,系统深入地介绍了汉语历史演化的各类现象并进行历史语言学方法论总结。孙三军、周晓岩(2011)《语言研究:方法与工具》重视论文写作、工具软件,仅为写好"问卷"一节就调查了近50本书,这是非常实用的,也是稀缺资源。有一些分科介绍的入门书,对初学者来说是很好的借鉴,例如,《什么是生成语法》《什么是语言类型学》等。

传统语言文字学方面,陆宗达、王宁(1983)《训诂方法论》成书虽早,仍不落伍,是探寻训诂方法科学化的标志性著作。杨琳(2011)《训诂方法新探》是比较系统的训诂方法论总结。王力(1981)和何九盈(2001)的中国古代语言学史著作对传统语言学方法论都有深入的评介。总的看来,传统语言研究方法论的总结虽然能紧紧围绕训诂实践和汉语实际,但相关原理和方法命名的名实指向现代感不强,未能在学理底层融贯中西,尚未达到将传统优质的理论资源和事实资源自觉用于现代语言学普遍规律的发掘中。这一点冯胜利做得不错。

需要注意的是,方法论的书并不是语言研究者模仿学习和范式学习中的重点,以语言为对象的具有理论开创性的研究专著才是。方法论著作中往往提到不同理论和流派的研究旨趣与方法,择要学习其关键理念以培养并形成自己的方法论自觉才是正途。

第三类:语言学方法论杂著

这一类是有关随笔、传记、日记、口述、访谈、序言、演讲以及后人编辑的回忆录、学行录之类。这些文献往往包含学者们研究的元策略和方法论精髓,揭示语言科学研究的程序性知识,在常规学术文献中是很难读到的,是难得的具有极高启发性的读物,必须细读深思,反复咀嚼,多方参证。举例说明如下。

中华书局出版的黄侃(2006)的《黄侃国学讲义录》,早期有油印本的《文字、声韵、训诂笔记》(后来也有铅印本的①)。虽然书中有些内容不是即刻就可以理解的,如果好好领会其中的微言大义,就能了解小学、训诂学的方法论。比如,在黄侃的思想中,训诂学是研究什么的?"语言解释语言之谓",而传统上多指具体的训诂实践,连形、音、义互求都谈不上。训诂学的更高目标,是寻求"语言文字之系统与根源",即探索沟通古今时地差异的语言的音义系统。黄季刚的论述显示了"为了语言而研究语言"的学科自觉,这和索绪尔的思想精神是一致的。为了研究语言而研究语言学,就会有独立的对象和方法,其方法和结论才有可能对其他学科产生影响。不能将训诂学简单地归入词汇学、语义学等的现

---

① 黄侃.文字、声韵、训诂笔记.北京:中华书局.2006.

成分科,这样会让学科本性走样。传统的训诂学是附庸在传统的经学上的,只求单个字的读音、字义,是不成学问体系的。章太炎所著的《新方言》《文始》就是要描述一个网状的沟通古今时地差异的音义系统、语言系统,也可以将它视为一个假设系统、建模系统,且是一个今天看来仍不错的系统,只是我们修补得不够、继承得不够。现在很多学者没有这样的系统观,其妄者毁之,其浅者避之。还有一些学者反复编纂关于训诂学体式的《训诂学》,罗列了好几个定义,以为综合一下就能新见别裁了。所以对于章黄的书,例如,章太炎的《国学讲义录》《国故论衡》等,需要反复阅读,不懂的字词、不知道的人物都去查一查。把章太炎《小学略说》《新方言》《文始》的序言、黄侃的《训诂学笔记》吃透,训诂学的境界自然就高了,"虽然字不能尽识,亦得谓之学"。江苏教育出版社的《黄侃日记》应该翻阅,以领略大师读书和治学的方法。章太炎和黄侃的弟子洪诚(2000)、徐复(1990、2007)、蒋礼鸿(1980)、陆宗达(1980)、王宁(1996)的训诂学类著述也有不少方法论反思。章黄后学程千帆等(1985)所编的《量守庐学记》,张晖(2006)的《量守庐学记续编:黄侃的生平和学术》中有大量关于老师治学方法的记录。冯蒸(2007)《汉语音韵学必读与必备书目述要》可以指点音韵学自学门径。

国外的,如,马悦然(2009)著的《我的老师高本汉》,作者和传主都是大汉学家,高本汉是现代意义音韵学研究的开山鼻祖,书中所述可以帮助读者了解近代西方科学方法用于研究汉语方言、语法以及利用传统小学资源进行音韵学研究的思路和方法。

学述随笔之类,例如,浙江人民出版社的"当代人文社会科学名家学述"①"近人学术述林"、中国青年出版社的"二十世纪中国学术文化随笔大系"、中国社会科学出版社的"二十世纪国学名著"、百花洲文艺出版社的"国学大师丛书"等都有语文和语言学人的专册,便于披览研习。至于语言学大家的自选集,不用说,都应该泛览。以我手头的这部"名家学述"丛书为例,杨向奎是研究历史的,戴家祥是研究金文的②。杨向奎回忆说他中学老师的两句话影响了他的一生,老师说:"在经学问题上,今文学派说《左传》是一部假书",另一句在物理课

---

① 饶宗颐,袁珂,王永兴等.当代人文社会科学名家学述.杭州:浙江人民出版社.2007.

② 这套书包括:《饶宗颐学述》《袁珂学述》《王永兴学述》《张岱年学述》《马学良学述》《杨向奎学述》《戴家祥学述》《王钟翰学述》《钱仲联学述》《王利器学述》《冯契学述》《傅振伦学述》《刘佛年学述》《林耀华学述》《周一良学述》《何兹全学述》《周子美学述》《钟敬文学述》《邓广铭学述》《顾延龙学述》《金景芳学述》。

上老师说的:"我懂得'相对论',那是四维"。后来杨向奎撰文论述《左传》不是"假书",颇受学林赞誉。序言中说"余鲁钝尤甚于椎,读书不如人,是以人一之己十之,努力不已,得以大学毕业"。我们读了名家所说的这些话就会反思一下自己,调整自己的心态,这在教育心理学中被称为"元策略"。学术大师、巨匠,很少有人认为自己聪明的,尤其是那种哲学思想类的大家,例如,孔子、颜回、曾子、朱熹都不认为自己是聪明的。"人一己十"已经是聪明了,真正以"弘毅"精神承继道统的大师应该是"人一己百"。朱子言:"每读中庸'人一己百,人十己千'一章,未尝不竦然警厉奋发!"这种心理就如同阿德勒《自卑与超越》^①中描述的情况。读这些书的时候,就可以看到这些大家是如何思考学术问题、如何应对学术人生的。如果只看学术专著,就看不到学者的价值观、人生轨迹和对自己学术研究最有帮助的富有操作性的"程序性知识"和情感逻辑。

在这些学述类书中我们还能认识一些重要学脉源流,今天俗称"学缘结构"。马学良的老师是李方桂,他们培养了一大批民族语言学学者。通过《马学良学述》就可以了解这一类学者的学术渊源和思想。《周一良学述》^②这本书就记录了魏晋南北朝研究专家周一良受到陈寅恪指点的过程,启发我们思考:要研究这一段历史、文化和语言须建立什么样的知识结构。例如:

> 先生学问既博且精,于魏晋隋唐的历史造诣尤深。1935年秋季,我作为研究生比较空闲,抱着听听看的心理,到清华三院教室去偷听了陈先生讲魏晋南北朝史。第一堂课讲石勒,提出他可能出自昭武九姓的石国以及有关各种问题,旁征博引,论证紧凑,环环相扣。我闻所未闻,犹如眼前放一异彩,深深为之吸引。(页141)
>
> 陈先生的天资及修养不能学而得之,非靠努力所能办到,但陈先生掌握的语言工具我如能略通一二,肯定有利于在历史研究上走陈先生的学术道路。因此我在哈佛大学的七年中,花了相当多的精力学习梵文,计划以后教日本语文之余,继续研究魏晋南北朝史。(页143)

这些记述都具有方法论意义。

① 阿尔弗雷德·阿德勒.自卑与超越.重庆:重庆出版社.2011.
② 周一良.周一良学述.杭州:浙江人民出版社.2007.

还有《李方桂先生口述史》①很值得阅读,书中涉及了很多方法。李方桂被誉为"非汉语语言学之父",赵元任被称为"中国语言学之父",他们是中国现代语言学两颗巨星。李方桂受过严格的美国描写主义的训练,亲炙萨丕尔、布龙菲尔德这样的大师,对美国印第安语研究作出不可磨灭的贡献。这本书作为语言学方法论的参考书是必须阅读的,它告诉你材料有多重要、方法有多重要、语言调查有多么艰苦和有趣等等。通过阅读这本书,我们知道大师如何固守娴熟的方法,开拓新语言调查之路,作出斐然的成就;同时也能看到一种局限:当大家们出神入化地运用某种方法,人与方法就连成一体了,这往往会制约他们欣赏其他类型的语言研究。例如,李方桂对梳理出一组语言或几组语言同源词的音义演化,就很难理解,不是说很难理解别人干什么,而是理解这样干的意义。他批评某人汉藏语对比研究做得不好,认为不精通藏语仅利用汉藏语字典进行研究是不可取的方法。这个问题是值得讨论的,学者对于一种语言到底要懂到什么程度,才能进行比较,才能进行研究? 精通要比较的语族中一种(除母语外)或几种语言当然最好,但也不是一定要精通几种语言才能研究。对于那种精通数种语言而后进行词源音义梳理的,例如,杰姆·马提索夫、李方桂也持批评态度。马提索夫写过《拉祜语语法》,其《藏缅语变异语义学》(*Variational Semantics in Tibetan Burman*)揭示了许多语义场之间的关系并借以追溯其系属。李方桂说:"他谈到这样的观点:建立庞大的词汇谱系,为整个语义群建构某种规范的构拟形式,比如说,通过不同语言中人体部位名称和某些事物类型名称的比较,可以追溯事物及其公式化的类型来""我现在并不十分懂得他在试图干些什么,他过于聪慧,对我来说,他是太聪明了"。这是一个描写语言学家对历史语言学家核心工作不清楚的实例。但李方桂的一些极端的观点在一定程度上可以刺激并推动历史语言学者研究工作的精密化。他说:"也许汉语所借的语言全都消亡了,要真正追溯一个词的原始系属相当困难。例如,蜂蜜的[mi]可能是从别的某种语言中来的(页89)。"另外,李方桂不相信语音变化的普遍性,对普遍性没有概念(页81),或者说看不上关于语言普遍性的研究价值,他对理性推理的严密性表示严重怀疑(页307、309),可以说是严重的经验主义者。惟其如此,"量力守故辙",才是大家。但我们不能迷信大家。

哥伦比亚大学在20世纪50年代就倡导口述史,其背景和深意不必深究,但新意却是明显的。仔细一想,很有意思,仅仅是由于媒介、传播方式不同,就可

---

① 李方桂.李方桂先生口述史.北京:清华大学出版社.2008.

以在具有悠久传统的学术领域独立出一个研究门径。讲到口述史,我们可以从方法论的角度来读一些书籍。例如,张宜所著的《中国当代语言学的口述历史》(2011)。这本书作者的导师是外语界很出名的姚小平。这本书的第一章讲了口述史研究、口述史在中国当代语言研究中的新视角、当代语言学家口述档案研究,还包括很多访谈的实例。这种研究方法不是刻意要剑走偏锋,而是展现了当代语言学界多视角研究的活力。我们也可以从这个角度来思考、研究。如果能够用问卷或者采访的形式整理出当代著名语言学家的口头学述和不假思索的思想底色,就可以大致了解当代语言学的生态并预测未来若干年语言学的走势,这比直接读书思考来得更快。张宜还有一本《历史的旁白——中国当代语言学家口述访谈实录》(2012),是一本材料充实的好书。还有李涛写的《中国口述科技思想史料学》①,可强化我们关于"口述"的方法论意识。我不是要提倡口述研究,而是要大家从"口述"这种形式来进行有效性的反思:我们是不是要敏锐地注意语言研究方法的新路径。

王士元学术演讲结集中的每本、每篇都值得精读,是有代表性的个案。他在2011年出版的《语言、演化与大脑》显示了不少学人理想中的语言学知识体系。这种跨学科、跨领域,且广泛利用最新相关自然科学研究成果,集中解决某一类语言问题的研究方法对大家今后的研究很有启发。重大的发现需要学人具有综合利用各学科最新研究成果的能力。王士元(2006)《语言、语音与技术》中论及"语言学和其他学科的关系""语言学发展近况"等,叙次雅洁,可细读深思。沈家煊(2011)的《语法六讲》也属于演讲类,全书非常简明,读者可通过注解线索展开阅读,逐步了解作者的学术思路与治学门径,对认识汉语的类型特征、当代汉语语法和语言研究趋势大有帮助。

很多大家著作等身,或许读完了他所有的著作都不知道其方法是什么、主旨是什么,但是他们往往会在自己的随笔、演讲中把研究思路和方法有意无意地表露出来,其中不乏微言大义。例如,大家都知道逻辑学家金岳霖很厉害,但你读他的《知识论》《论道》,可能不知道问题的要点,会不得要领,而在随笔中可以读到他研究逻辑的思想动机和治学门径。他说,"我为什么研究逻辑呢、逻辑有什么用呢?"回答是,在逻辑中可以"闭门造车"而"出门合辙",自然界"毫无反抗地自动接受算学公式",面对混乱的世界"我们必须制造某种秩序",等等。读到这些通俗而深刻的话,我们就能树立对纯形式系统的价值判断。

① 李涛.中国口述科技思想史料学.北京:科学出版社.2010.

很多作者会在书的序言、后记中描述自己的研究方法,表露自己的学术追求,阐发自己对相关研究领域的未来判断。例如,如果希望了解鲁国尧的音韵学、语言学思想和方法,看他写过的序就是很直接的途径。他写的序言兼具思想和文采。如《鲁国尧语言学论文集》①一书的序:"我以为一个学人治学不能太窄,窄则陋。治语言史的人不能仅在纯语言学的资料中讨生活,应该尽可能地多览群书,扩大视野,寻觅更多的史料,开拓更多的领域。如不研究古史就不能推论古吴语本北抵淮河;不看目录书就不会知道南宋前有王浩《方言》十四卷;不细读陶宗仪笔记,就不知元代中州之音入似二声、'方言'一词可指外族语言,等等。"他还提出了治学的三原则:"如今我向自己提出治学三原则:坚实、会通、创新。坚实是第一义,否则'如七宝楼台,眩人眼目,碎拆下来,不成片段';而偏执一端,必嬉大道;在坚实、会通的基础上必能创新,唯此创新方为创新。"这本论文集的编纂体例也很有特点,其中索引一为"本论集所涉及的部分学术观点、现象、问题",将自己发现的"干货"直接罗列出来。例如,书中提出的观点"戴震《方言疏证序》云'应劭集解《汉书》',实为'臣瓒所作'",再比如说"《史记》《汉书》《后汉书》等史书所录载的诏疏文赋应视为撰作时代的语言资料,而非史书作者的语言",再例如"《广韵》认为的俗字,《集韵》不认为是俗字",再例如,"在外学习、工作的人回乡,方音能够很快回复,而用词和句式则很难复原",所举的例子是周恩来少小离家,革命生涯千万里而淮安话方音无改。这些判断是作者学术观点的体现,可以启迪我们的学术思维。鲁国尧(2003)《穷尽式的研究法应当大加提倡——序华学诚〈周秦汉晋方言研究史〉》直接倡导定量的统计方法。吴金华为孙毕所著《章太炎〈新方言〉研究》所写的序中阐述:"现代的科研经验提醒我们:只有在宏观背景下展开微观的研究,只有定量分析与定性分析研究相结合,才有可能突破以往概括性的、印象性的研究水平。"②再如,郑子瑜(1994)的《郑子瑜学术论著自选集》中的《序言》和《我的治学经过》可以帮助我们了解修辞学和修辞学史治学门径,也便于利用这些资源展开现代语用学的研究。很多书的序言后记都是微言大义,需要关注。

网络时代,一些专家经常把追忆老师辈的为学之道写成短文贴子分享到网页和多媒体空间,这些短文思想性和启发性极强,一定要熟读深思。大家搜一搜就可以找到陆俭明写的《不忘朱先生对我的指导和帮助》,江蓝生写的《试谈

---

① 鲁国尧.鲁国尧语言学论文集.南京:江苏教育出版社.2003.
② 孙毕等.章太炎《新方言》研究.华东师范大学出版社,2006.

吕叔湘先生的治学之道》,张伯江写的《语言之妙,妙不可言——中国著名语言学家吕叔湘先生》,陈保亚写的《怀念徐(通锵)老师》等。

第四类:其他学科方法论参考

　　首先需要注意的是,方法论具有相对的独立性。抽象程度高的方法论,如"第一性原理"、辩证思维、历史和逻辑的统一、质变量变、耗散结构、熵增定律、量子逻辑等等,对提升一个人的整体思维能力和方法论自觉很有帮助,但这也很可能游离于常规的语言学视野,不一定会对某一具体语言研究产生直接的作用。也就是说,从课程教学角度看,既要注意不能为了方法而方法,也不能完全局限于语言讲方法。宽松一点的方法论研讨可以帮助我们获得语言学科的普遍性研究思路,获得一些启发,帮助我们在语言研究的海洋中确定坐标,发现自己在方法运用方面的优缺点,反思自己的研究思路和风格等。

　　自然科学、社会科学、人文学科在方法论上有不少相通之处,可相互效法、借用或移植。例如,阅读芭芭拉·帕赫蒂等(2012)《语言研究的数学方法》就有助于对形式派句法、形式语义学方法的底层理解。像《爱因斯坦自述》《爱因斯坦评传》《达尔文回忆录》《丘成桐自传》等都极具参考价值。例如,爱因斯坦说"作为一个学生,我还不清楚,在物理学中,通向更深入的基本知识的道路是同最精密的数学方法联系着的。只是在几年独立的科学研究工作以后,我才逐渐地明白了这一点。诚然,物理学也分成了各个领域,其中每一个领域都能吞噬短暂的一生,而且还没有满足对更深邃的知识的渴望。在这里,已有的且尚未被充分地联系起来的实验数据的数量也是非常大的。可是,在这个领域里,我不久就学会了识别出那种能导致深邃知识的东西,而把其他许多东西撇开不管,把许多充塞脑袋、并使它偏离主要目标的东西撇开不管。"[1]这告诫我们要学会识别语言学中"那种能导致深邃知识的东西"。反躬自问,我们或许能识别重要的方向、选好恰当的课题,但我们很多时候会被诸种因素羁绊难以"决破罗网"(陆象山语)、全力以赴。所以,立志研究语言科学的研究生应该多读这样的书,多学习这些大师的精神。另外,讲通用科学方法的书一定要读一读,例如,宋子成(1984)编著的《通用科学方法三百种》之类。

---

　　① 爱因斯坦.爱因斯坦文集(第1卷).北京:商务印书馆.1976.

语言学方法论,当然要侧重语言学,但方法论又是个核心词,具有相对的独立性,在学习和应用上又具有明显的迁移性。所以,我们认为语言学方法论不能只局限在语言学内部,讲语言学方法的书不能通篇都用语言学的例子,那样就太拘狭了,不利于培养创新思维。

从方法论角度看,任何成熟的学科方法论都值得借鉴,只不过有的近一些、有的远一些而已。这些方法论可以包括人工智能科学方法、物理学方法、化学方法,甚至工程力学方法,当然也包括那些本来就影响多个领域的方法论、理念或思潮等。如物理学第一性原理(史有为以之分析汉语主谓关系)、人工智能领域的反事实因果推断(袁毓林用来分析因果认知与反思归因)、耗散结构理论(李葆嘉曾用它解释汉语发展史)、复杂系统理论(王士元等将它应用解释语言演化)、大数据理论与理念等等。李行德曾慨叹乔姆斯基文章征引之浩博,同学们现在身处资讯高度发达和流动的时代,在方法论上对相关学科的"左顾右盼"是必须的。因为你不这样,别人会这样,别人在选题上、论证上,解决新问题方面就可能超越你。这些方法论具有一致性、相通性。

例如,像《现代医学的偶然发现》这样的书名,一看就是涉及方法论的精妙之作。偶然、必然是经典的哲学范畴,思考这个问题缺的不是思辨,而是大量丰富的案例。创新性的科学发现与"偶然"是什么关系?物理学中有居里夫人的镭,化学中有凯库勒苯环结构,都是偶然发现。科学发现领域的"偶然"有没有必然性?这本书会让你感觉到偶然性太重要了,里面包括青霉素的发明、X光线乃至服用阿司匹林治好了乳腺癌等等,几乎所有的重大发现都是偶然的。我相信,这种"偶然"并不只是医学界独有的现象,只不过在医学领域它彰显了,容易被觉察而已。它启发我们思考所有重大的发现中蕴含的非理性的因素。在新现象的概括过程中,需要辨识能力,需要敏锐的创造性心智。知道偶然的重要性就要在科学研究和理论创新活动中多长一心眼,形成一个方法论的自觉,随时准备迎接偶然,创造条件等待偶然,而不是忽视,甚至抗拒。以后讲语言学创新思维时,再举具体的例子。忽略偶然性的方法论介绍会掩盖真正的科学探索轨迹,会导致对科学发现途径和方式的误解,进而会导致社会成本巨大而收益微小。

传统上讲方法论大都讨论归纳法、演绎法两种,关于两种方法的优缺点有经久不息的争论。专家概括当代科学发现的三种方式,即科学的实验、科学的理论、虚拟现实(数字孪生技术)。虚拟现实是对物理、社会现象数据算法的一种视觉化实现,几乎可以"看到"结果。当代算法是王道,例如,在语言研究中有重要影响的遗传算法、演化算法,连"复杂适应系统"(Complex Adaptive Systems)也作为一个典型的算法名词。看了这本《现代医学的偶然发现》,我对语言方法论有个不成熟的反思:语言学界谈到方法时经常讨论语言事实和理论、归纳以及演绎的关系,强调要对语言现象敏感,比照这本书,我想可不可以这样说,归纳针对的是普通现象(如研究《史记》中的"之"),演绎针对的是定向现象(如生成语法中的回指),而识别针对的是新异现象(如小称变调等)。在当代,对大数据复杂算法得出的可视化结果,我们要有识别的本事。见识、见识——"见"和"识"多么重要!

有关于复杂性研究的方法论书籍重要。比如,米歇尔·沃尔德罗普(1997)《复杂:诞生于秩序与混沌边缘的科学》、埃德加·莫兰(2008)的《复杂性思想导论》等。王士元(2006)直接提出过,语言是一个复杂适应系统。读了一些关于复杂系统研究的文献,感觉任何复杂系统都必然具备逻辑认知的盲点。能被逻辑完全控制的都不是复杂系统。如果希望通过逻辑来研究复杂系统,是很难发现其内在的、隐秘的特性的。复杂系统是"长"①成的,不是设计成的。与复杂系统有关的周边术语,如"联结论"(connectionism)、"浮现论"(emergentism)等都具有重要的方法论意义。我们认为,研究复杂系统不能无作为地等待奇点、智能的"浮现",而应通过种种方法探寻其初始条件、最小单位如何通过简单机制逐步实现复杂化演进的过程(参第二讲"习得论"等案例)。研究语言演化、语言习得、人工智能都应该把语言看作复杂系统。

再如,威廉·布罗德(2004)《背叛真理的人们——科学殿堂中的弄虚作假》,这本书是我最近在旧书摊淘来的,据该书所说荷兰心理学家德里克·斯塔佩尔(Diederik Stapel)制造了史上最大的学术造假案。他在《科学》上发表了一篇文章,将人们所处的肮脏环境和种族歧视意识建立起一种相关性。他还发表了另一个研究结论,称食肉会导致人们变得更加自私与不合群,并因此受到了媒体的广泛关注。不是让大家造假,而是通过这样的案例来学习科学期刊中倾向于发表什么样的文章,学习假设方法、学习怎么采集数据、建立模型和归纳结论的方法。因为,了解假的是为了珍视真的、创造真的。

迈克尔·托马塞洛(2011)《人类认知的文化起源》对语言天赋论、语法自主论思想有实证式挑战,影响很大。他另一本专著《人类沟通的起源》也有中译本。这两本书和王士元关于演化语言学的著作是一个类型的,读者若要强化关

---

① 生长的"长",类似于进化(evolution)在工程学中的喻义.

于语言认知、交际、心理的研究思路,可以结合类似的书和文章进行对比阅读,以完善相关的理论认识。这类书传达这样一种语言观念,即语言根深蒂固的是认知、心理、神经、交际、文化的复合体。反复阅读类似的书就可以建立起一个非常清晰的认知、判断体系,对语言学界对立的语言观就能展开综合的研判。

《学问的创造》是1981年度诺贝尔化学奖获得者福井谦一介绍自己研究历程和心得的小书。读者阅后可以深刻感受到作者从大自然、从人文著作《论语》中汲取力量和原动力的精神状态,领略到跨学科创新思维培养的具体情形。作者的老师曾在德国留学期间学习先进的量子力学理论并传授给他。因此,福井的知识结构不仅有传统的化学和数学,还有最新的量子力学。这样一来,他就将以前瓶瓶罐罐中的化学变成了理论的化学——在原子水平上来解释化学现象。书中一些值得借鉴的做法:重视直觉和闪念的价值,纸笔放在固定的地方以及随身携带以随时斩获灵感;应该具备这样的信念:思维的人、理性的人能把大自然模型化、抽象化,根据规律认识自然;尤其要重视四通八达的基础学科,重视能一脉相通的基础学问;彻底攻下少而精的经典文献,抛弃大量阅读文献、收集知识以哗众取宠式的学习;要极端认真地读文献,亲自动手推导,不怕少,就怕马虎;不要把目光仅仅局限在自己的专业领域内,还要多学习那些看上去似乎与本专业无关的知识;培养预见能力,能预测自己正在研究的和将要研究的那些学科的发展趋势,并把握这些学科与社会各种内在的联系,等等。作者还总结了推广自己理论的方法,即扩大自己的理论适应面,避免同相反意见的正面接触,积累数年成果,再集中反驳。

其他一些在"语言学"前加限定语的跨学科方法论著作,都可以选读。如人类语言学、文化语言学、语料库语言学、计算语言学、社会语言学、神经语言学等等。

以上提到的每一类书籍都是一个层次,通过逐层的阅读思考就可以打好语言学理论功底,建立起个人的语言学方法论体系,进而形成独特的解决专业问题的完整思路。最基础的书单只包括第一类,即语言学的名著名文。对于博士生,如果仅仅满足于阅读这一类书籍是远远不够的。通过阅读第二类书籍才能形成语言学方法论自觉。第三类书籍既有方法论大势又有方法论技术细节,便于了解行业大家学术研究的心态、情绪和反思,这是从视野、精神和实践层面为日后的研究奠定基础。第四类书籍则要求研究生不能仅将眼光放在语言学领域,而要放眼整个人类的科学研究,从其他学科汲取有益的养分。

最好的书单是根据个人的专业水平、兴趣方向、研究重点量身定制的,研究生需要学会从自己读过的书籍中选出建立自己研究体系的重要书籍。本书后面附有一篇名著导读,可以参阅。

思考题

1.精读语言学名著名文对学习语言学方法论有什么意义?

2.试通过比较的方法评述一本专门论述语言研究方法论的专著。

3.研习语言学方法论为什么要阅读一些非语言学学科的方法论著作和科学方法论通识著作?

【附】名著导读:《中国话的文法》

考虑到读者购置和查阅的方便,本导读选择河北教育出版社于1996年出版的《中国现代学术经典(赵元任卷)》为蓝本。由于译者丁邦新先生是中国台湾学者,译文在术语使用上有不少与中国大陆语言学界不一致的地方,希望读者在研读过程中参考上下文和对应的英文词以明确其概念所指。

导　读

20世纪40年代末50年代初,中国汉语语法学界进入一个新的研究阶段,这个阶段的特点是引进了美国描写主义语言学的理论和方法来分析汉语并试图建立一个新体系。《中国话的文法》就是最杰出的代表。这本书在理论、方法和体系方面奠定了从20世纪50年代后期到20世纪90年代国内居于主流地位的结构主义汉语语法的基础。该书严格按照美国结构主义分布分析法划分各级语法单位的类别,用直接成分分析法兼用转换语法的某些规则来分析句子,用话题和说明来解释汉语句子的主语和谓语的语法意义等。见解深刻,论证精辟,是一部集大成的著作,深刻影响20世纪50年代以后的重要语法著作,如丁声树(1961)的《现代汉语语法讲话》和朱德熙(1982)的《语法讲义》,直至1984年公布的《中学教学语法系统提要》。下面以选文为重点,分章介绍该书主要内容和学习要点。

首先是"凡例"部分。此章概述全书的用字问题、语义解释和书中使用的符号。这部分表面上看仅是个体例问题,实际上却涉及本书处理语料时所遵循的若干重要原则和方法。例如,对现代汉语复合词结构的分析就不能不考虑其构词理据,而要分析理据就会遇到"语源"(etymology)问题。是深究历史上所谓"正确语源"呢,还是采用现时流行的说法,这就是一个矛盾。作者强调在"描写的层次上"应采用流行的语源说。比如,分析"西瓜"这个词,就认为它是一个方位词修饰的定中结构就行了,不必要搬出其女真语的语源"xeko",或再上溯到哥尔德语的"seko"和"sego"。所谓"描写的层次"是个分类体系问题,它重视共时状态的大众语感,这是贯穿全书的一个重要思想。例如,书中区分同音词和词的兼类现象时,分析说:"等候"的"等"和"等级"的"等"在语源上虽然有关系,但是从描写层次上看可以认为是同音词而不是兼类现象。同样,分析"工夫""丁香"之类复合词的内部结构,也不必通过历史的方法穷究语源,而是从描写层次角度认为它们是构成关系不明确的非造句性复合词(页329)。

第一章 绪论

共三节:1.1文法;1.2中国话;1.3语音。作者在此章用普通语言学方法论中几个总的二分原则,阐述本书语法研究的语料范围和研究的对象与方法等,还特意论及汉语语法的一些重要特征。本章确定研究对象是20世纪中叶非正式发言风格的北京话,也适当引用文言、方言、正式发言、儿童语言等作为辅助。这部分内容对理解和学习作者在后面各章中就一些具体问题分析所持的态度、所采用的方法和技巧都很有帮助。

关于同代和异代(共时和历时)的方法论二元对立,作者将本书中国话的研究定位为20世纪中叶的"共时"研究,是个现代的"共时",但也不排斥历时——只要这个历时与"描写现代"有关。作者批评了将共时和历时研究对立起来的不合理做法,强调历时研究也可采用描写的方法分时段进行。对历来争讼不绝的描写和规范的对立,作者看法非常中肯:两者只是在陈述的方式、侧重程度上有分别,双方若能解释清楚各自讨论的对象就没什么可争论的了。本章所谈分类文法和结构文法的对立,跟通常讲的组合关系和聚合关系有关。用直接成分分析法研究结构,又从这些结构的可替换成分中间归纳出各种语类。与今天流行的生成语法相比,组合关系的分类研究似乎只重视结构分析,不能讲句子的生成,它们似乎旨趣大异、水火不容。但本章的论述打破这种界限,显示出作者对语言理论本质的高超把握。作者在撰写本书时,语言学界已被乔姆斯基的形式化生成句法理论的科学面貌和宏伟目标所鼓舞,人人趋之若鹜,而赵元任仍坚持写出这部不讲"革命"的著作,就是看到面对语言事实的理论体系的连续性。作者认为"如果分类分得彻底而又完整,就能充分表现一个语言的结构,说明在这个语言中什么话可以用,什么话不可用,这样一来就等于是近来所谓的生成语法(generative grammar)"。"可说"与"不可说"就是一种生成研究观,这里对句子结构的分析与合格句子的生成都可得到统一的说明。

本章说明采用的研究方法是描写主义的。描写,首先要确定语言形式(即布龙菲尔德说的"有意义的语音形式"),在此基础上再总结语法研究的单位:"只有那些有意义的最小单位(语位),跟停顿(pause)之间的最大单位(句子),还有介于两者之间的单位,才包括在文法研究的范围里。"这里显然强调了语言单位划分的客观形式标准。作者进一步指出,语法是研究处于"空格(槽)"中的形式类,研究语素、词、短语、句子这些语法单位(语言形式)在不同层次的功能框架中的表现或行为,并依据其同一性加以分类(得出"形式类"),从而揭示语言中语法结构的规律性。强调语法是研究"空格"中的语类,这种"空格"就是一种"功能框架"。但"空格"又要用更大的"空格"来说明,不就是循环论证了吗?作者借鉴布龙菲尔德"选择"概念来解决这个疑点。什么是"选择"?"这个文法上的概念,相当复杂,但主要的意思,就是有的语式在某些场合出现的情形很相像,有的语式在另外一方面很相像"。"选择"不是人为目的性的选择,是语言形式自身的分布特征,它们在相互组配中显示出不同的"类"特征,是语言中自在的客观本性,语言学家的任务就是要把它们都挖掘出来。对不同的类归纳出"类义",这是语法上的意义,有方便的提示作用。

本章讨论方法论时讲四种"排布成素"——次序、转调、音变、选择,即语言形式的四种配列方式,是理解结构主义语法分析方法和从事语法分析实践的基础,意义十分重大。用这四种配列方式考察,中国话的外显范畴很有限,更多依赖于次序和选择。作者还举实例说明语法研究应注意平行现象、不对称和斜配关系。这些论述涉及语言学标记论(markedness)研究的若干重要方面。对称与不对称是语言音系结构和音义组配中存在的普遍现象,对之予以特别关注是发现富有价值的研究课题的切入点。感兴趣的读者可以进一步阅读沈家煊(1999)的《不对称与标记论》和 Edna Andrews 的 *Markedness Theory: the Union of Asymmetry and Semiosis in Language*(1990)。

本章谈到语料选择的体裁问题。本书重视日常用语体裁,所谓的"中国话"主要指非正式场合用的北京话,但是剔除了其中纯粹地方性的成分。作者强调各地方言在文法上最具统一性,说中国话"其实只有一个文法"。这种泛时的语法观似乎不利于共时研究,其实这正是作者的高明之处,即从汉语的实际出发,注意到研究对象的统一性和多样性、一般性和特殊性的关系。汉语方言或文言的若干语序差异,现代汉语与文言词汇的音节数目的差别,等等,并不能掩盖中国话文法具有广泛一致性的事实。这种研究与共时结构描写的原则也不矛盾,与当代语言理论的共性追求有相通之处。事实证明,关注普通话和方言语法上的一致性可以帮助分析、验证普通话中的有关结构层次,请参考5.6.3作者是如何鉴别龙果夫对"我住的北京"的层次分析的。本节还对"引例"与"谈话类型"做了交代,其做法对我们进行语言调查、语料收集和处理有重要参考价值。例如,应该敢于并善于利用语感,学会养成随时记录跟语法研究有关的语句、对话等习惯,在数字时代更应重视各种音像语料的搜集,还要注意研究中国话的文法最好不要采用欧化句子。

本章关于语音的说明也非常重要,它是理解全书语法分析的基础,其中音节结构、语调、形态音位等与后面讲的语法组配方式等有密切关系。按照布龙菲尔德所说:语法是"有意义的语音形式的组配",语音本来就应是语法描写中不可少的一极,本书分析语法问题充分贯彻了音义结合的精神。例如,本书讨论的轻重音与逻辑谓语问题;谓语的对比式、肯定式、叙述式的分类;复合句和单句的区分;复合词的鉴别(音韵特征是重要参考);语位(语素)和语位的辨认;各种造句关系(如并列式的标记、连动式中的词语的音节数目跟结构的关系);等等。本节(1.3)有很多创建性思想,一直影响到今天的汉语研究。例如:对声调的五度标记的分析,对连续变调的分析,把句子的语调跟音节的声调之间的关系比作大波浪跟大波浪上的小波纹,以及边缘音位的分析等。本节标题"语音"(phonology)按现在通行的翻译,译为"音系"更易理解,研究的是汉语语音价值系统,并不侧重于其物理性质。本节较难理解的"形态音位"(morphonemics),是指在语素层面,随条件变化而实现的两种或更多的音位。

第二章　句子

本书认为形态研究词的内部结构,句法研究词和词之间的关系。正是出于这样的理解,作者用五章来讨论词法内容:第三章"词跟语位"、第四章"构词类型"、第六章"复合词"、第七章"词类:体词"、第八章"动词跟别的词类"。而第二章"句子"和第五章"造句类型"则讨论句法。

本章采用形式标准把句子定义为前后都以停顿为界限的一段话,用交际价值对传统所说的句类进行分析。关于"小型句"的论述非常精辟,这是贴近汉语特点进行研究的具有普遍语言学意义的重要发现,是描写语言学分析方法的精彩实例。读者通过对小型句分类的学习思考,以及对小型句和完整句的对比分析,就能逐步学会驾驭纷繁多彩的汉语句子。以前的语法书对句子的分析,选例中规中矩,而当学习者脱离语法书直接面对汉语千变万化的句子时往往束手无策。小型句思想的原创性对当代汉语语法学界"小句中心说"的影响是显而易见的。

本章关于主语和谓语的语法意义讨论一直是学界研究和争论的焦点,有人质疑,有人批评。批评者说"该书认为汉语主题就是一种话题",该书对主语的确定是"唯位置论","这种观点必然带来同一句子可能有主语层层套叠的分析结果"。例如,吕叔湘(1979)举过的例子"这事儿我现在脑子里一点印象都没有了"。陆俭明(1999)举的"我们班上的学生名字我一个也叫不上来"就套叠了四层主语。杨成凯(2000)说:"如果把主语概念理解为话题,即使为它确定上述那些所谓形式特征,也得把句子开头的名词性单位一个个都归为主语,结果就会出现一连串的主语。"我们认为这些议论都没有切中本书分析的要点。赵元任明确地说,他把汉语主语的语法意义概括为"主题"跟"解释",是"语意学上的名词"不是文法意义上的(80页脚注)。如果这个概括不好,试问有没有更好的对主语和谓语的语法意义的概括?再者说,已经按照统一的标准和原则分析了,主语套叠有何妨?不要说四层,就是十层套叠又有何妨?这是基于严格分析方法得出汉语句子结构的自身性质的反映。主语本身就是有层次的,就不同层次再增加说明和解释就行了,书中还就此进一步讨论了总主语和分句主语的关系。有人在句子分析层面另立"话题",分出话题、次话题、次次话题,岂不是平添新的纠葛?本书对主语的分析,也充分考虑到其他语言的情况,其方法论的运用是一致的,得出的结论是审慎的。所以,不能轻易否定本书关于主语和谓语的分析。至于用生成语法理论关于主语稳定性的分析来评判,那就要涉及整个语法体系的各个层次,与本书讨论的问题不在同一理论平面。

谓语类型描写中的"对比式""肯定式""叙述式"的这种上位概括,颇具特色,是充分考虑到句子的语音、语义、语境条件的分析结果,对鉴别书面形式中的句子的性质非常重要。关于时间、地点词作主语和"用介词引出动作者作主语"的分析与一般语法书不一致,与现代论元分析思想下的主语概念更是大相径庭,引起不少争议。读者应联系本书关于句子的概念、小型句定义、主谓语法意义分析的理论系统来理解,就能明白这种分析在描写的完备性、理论概括的经济性方面的价值。而其中矛盾与不协调之处,可以用来观察比较不同的理论要点和发现有价值的研究课题。

最后,提醒读者:一些"句子"的概念容易混淆。小型句和完整句组成合成句。合成句又分复合句和复句。复合句只有并列关系,复句是非并列关系。不要把这个"复句"与通行语法书中讲的复句混同起来。这是个"complex sentence"概念,由至少一个独立子句或主句(main clause)和附属句或从句(subordinate clause)连结而成,在英语中要用从属连词连结。研读本章最后关于"想好跟没想好的句子"的分析,可以培养观察和描写具体语境中句子的能力,所谓"截断语""插入语""事后追补语"等都是口语句子的常态,应该受到研究者的充分重视。陆俭明(1993)《汉语口语句法里的易位现象》一文是这种工作的延续,可以参阅。

第三章　词跟语位

"语位"现在一般翻译为"语素"。本章共九节:3.1概说;3.2独用跟连用语式;3.3节律;3.4替代跟分离;3.5功能构架中的词;3.6词作意义的单位;3.7词跟语位的同一性;3.8造句词的定义跟辨认;3.9似词单位要略表。本章主要分析了字、语素、词诸单位及其关系。汉语中"字"的概念不全是文字学上的概念,在心理和表达上也被当作词或词语使用。有些研究者引用赵元任关于英语中的"word"在汉语没有确切的对应物的讲法,把"字"作为汉语的基本结构单位,其实是误解了赵元任的思想,汉语中作为意念用的"字"并不能作为划分结构单位的基础,"讨论词的单一完整性的唯一可行的方法,就是只能就结构而言。"阅读本章确定词的功能构架的内容时,最好联系后面的词类分类体系来理解。本章中"通字方案"的设计思想应该把握。该方案试图解决汉语方言差异导致的文字差异问题,文字主要是标写语素的,所以"通字"可以看作共通语位(即"语素")。可参看作者专著《通字方案》(1983)和论文集(2002)中的《中国通字草案》一文。

第四章　构词类型

共五节:4.1概说;4.2重叠;4.3词头;4.4词尾;4.5插词。分析方法和思想一定程度上受霍凯特(F. Hocket)的影响,例如,作者比较霍氏提出的"语项–程序"式(IP)和"语项–排列"式(IA)两种描写模式的区别,认为研究现代汉语用IA方法比较方便。现代生成音系学和句法学理论用的是IP模式,我们不能认为只要有这种方式就可包打天下。本章主要探讨派生词的构词类型,将词缀分成前缀、中缀、后缀,把重叠也看作一种形态变化。至于由词根造成的复合词,由于与造句结构类似,被安排到"造句类型"之后的一章讲述。

第五章　造句类型

共六节:5.1词语跟结构;5.2并列式;5.3主从式;5.4动—宾式结构;5.5连动式;5.6动—补式结构。讲"词语"(expression包括词和词组)组配的结构关系,与单讲词的内部结构关系不同。向心结构和离心结构是两个很重要的概念,它根据的是词语中心词与整个词语功能的关系是否一致,这种区分与确定各种句法结构类型有密切关系。本节重申的"词序""选择""虚词"等语法手段与1.1.3节讲的"排比成素"是一致的,可参照阅读,加深理解。例如"好人"和"找人"结构关系的不同是因为"好"和"找"属于不同的"选择"。本章提及6种基本造句类型:主谓式、并列式、主从式、动宾式、连动式、动补式。由于主谓式在"句子"一章讲得比较充分,所以此章没有谈。这些基本结构造成更复杂的结构。对各种结构的"类义"概括具有方法论意义,应该注意学习吸收。例如,作者概括修饰结构的类义是"种对属"(即特殊对一般),同时强调类义的概括只能是粗略和含糊的。书中列举了21类修饰关系,作者说,分类不一定能做到完整无缺(可以加上个"时间修饰动作[或事情]",如"已完成"),但至少应做到没有互相排斥。另外,将动宾式的类义概括为"动作跟目标",连动式的类义概括为"事情发生的先后"或"事情的情况"等。这些都是比较好的语法分析、概括的个案实例,值得认真琢磨。

第六章　复合词

共七节:6.1复合词的性质跟分类;6.2主—谓式复合词;6.3并列复合词;6.4主从复合词;6.5动—宾式复合词;6.6动—补式复合词;6.7复杂复合词。复合词的多层次分类是个学习重点,其中涉及理论上的问题不少。例如,在讲字面意义和语汇意义时,讨论了复合法跟意义上的特殊化(或语汇化)的密切关联。这种特殊化是鉴定凝固性复合词用法的一个重要参考,古汉语语法专家周法高也曾运用这个方法鉴别复合词与词组的界限,本书6.5.4节又进一步申论了这种方法。当然,复合词的成词条件不是单一的,不同复合词的成词条件也有一定差别,书中这方面的讨论对我们分析汉语复合词的结构有重要的指导意义。以"动宾"式为例,作者摆出5个条件:(1)两个成分中至少有一个是连用的;(2)宾语轻声;(3)整个结构是离心的;(4)有语汇性或特别的意义;(5)构词成分不能拆散。这里就涉及结构条件(成分的自由性问题、功能差异性问题)、语音条件、语义条件,其理论核心其实只有一个:差异性。复合词能成立,就要在结构、语音、语义等方面表现出与句法层面任意性组合状况的差异与特殊化。作者对其他复合词的条件也都有精彩论述。

作者分析复合词的扩大与游离问题时,具体展示了汉语词法和句法的构造的一致性与连续性的关系,颇有启发意义。与此相关,构词成分的功能类别应该认真关注。确定复合词的语类比较容易,但要确定复合词中各成分的语类就难了。本书采用陆志伟以来运用的,像"形-形→名"这样的分析,把词内成分也视为有功能类的,从语素组合、词与词的组合、短语与短语的组合每个层次都有类似的"名""动""形(修饰)"之类的语类名称。这种做法就是考虑到汉语复合造词法与造句法的一致性,也就是把复合词看作是词的组合了。所以才有这样的分析:"主–谓→名"("霜降")、"主–谓→动"("声张")、"动–形→形"("滚热")等。

第七章　词类:体词

共十二节:7.1词类概说;7.2名词;7.3专有名词;7.4地方词;7.5时间词;7.6定–量式复合词;7.7名–方式复合词;7.8定词;7.9量词;7.10方位词;7.11代名词;7.12别的代词。此章和下一章讲词类体系。词类就是成员都是词的语类。语类是各种大小语式的功能类别。词和词语在功能上可以是一致的,"梨"和"新鲜的梨"都属于一个语类。这与前文从形式分布角度划分语类的论述一致,语类是语式的功能分类,词类也是语类,只不过其成员都是词。本章首先将词分为列得完的类和列不完的类,这是适合一部描写文法的特点的。列得完的类,往往成为一种语言优先的研究对象,例如,汉语中代词就受到不少古今语法专家的优先重视。词类重复现象(也叫"兼类")是每个语言都有的,中国话词类虽然有很多重复的现象,但大部分的词还是只限于某一种功能。如果语法学家分出的词类大多数是跨类的就要考虑分类法是否有问题。关于词类重复现象,全书在不同地方都有论及,如:7.1.4重复的词类,8.4.1连接词、介词和副词的重复,8.5.1语助词与感叹词的重复,8.1.5.4及物动词跟不及物动词、形容词、名词的重复,8.1.3.6形容词跟名词、及物动词、副词的重复等。建议读者阅读本书时参考这种做法,将各类相关现象集中起来对比阅读、思考,这对深入理解原著体系与思想很有帮助。

理解本书的词类体系要思考分类的原则,按功能分出什么样的大类或小类,还要看新设单位的名称能否恰当概括其语法意义。作者根据可以作主语和宾语以及可以用形容词修饰等功能概括出体词一类,"体"就是一种语法意义的概括和说明,又用功能方法分出"动词跟其他词类"一类。注意,书中词类体系中将"专有名称""定–量复合词"处理为独立体词词类,在名称上看起来似乎不是按功能分类的,其实这两类也是严格按照功能分类法得出的语类。"专有名称"是不能用定量复合词来修饰的体词,可以用代名词来替代,不能像地方词和时间词那样作"到""在"等字的宾语。"定–量复合词"具有稳定性地修饰名词的功能,是鉴别体词的重要功能性成分(虽然它们大都是过渡词),把它们作为独立的体词类来研究,在分类上是具有区别的,也是周严的。"名-方式复合词"作为独立的语类研究的理由也是从功能出发的。

本章所说的"代动词""代形容词""代副词""代句词"之类引起过争议,这些术语今天也不甚通行,如何看待呢? 首先应该考虑到本书的分类法,书中根据布龙菲尔德的"substitutes"(译作"替代法"),在功能性词类之外,另设一类"代词"(替代类型的语类),这样就能理解本书划分的合理性。至于个别具体的例子怎么看,还可进一步商讨。例如,"你不会修这机器,让我来。"把"来"看作"修这机器"的代动词。批评"来"为代动词用法的人,没注意到替代法语类的独立性,也容易忽视这种分类对观察某些特殊语言现象的作用,此例中的"来"与一般动词的"来"就有不小的差别。当然,这种差别需不需要在文法中加以区分和说明,也可讨论。

第八章　动词跟别的词类

共六节:8.1动词(包括形容词);8.2介词;8.3副词;8.4连接词;8.5语助词;8.6感叹词。动词的主要分类特征是能用"不"或"没"来修饰,并且能作谓语或谓语词语中心;也有次要分类特征和其他分类特征。据此,动词可分为:(1)不及物动作动词;(2)不及物性质动词或形容词。把形容词当作动词一种,是强调形容词能作谓语的功能;(3)状态动词。跟性质动词(形容词)相似但不同;(4)及物动作动词;(5)及物性质动词;(6)分类动词;(7)助动词。描写语法强调对功能显著类的分析,所以本节对用法复杂的"是"和"有"单独分节讨论。汉语里连接词、介词和副词有时很难区分,本章对此有细致的分析,作者强调连接词主要是标明两个分句或句子间的关系。最后讨论语助词、词尾和感叹词的区分:词尾是属于词的,语助词属于词组和句子;语助词是连用语类,感叹词是不连用语类。

本书作为结构主义描写语法的经典之作,在今天理论多元的学术环境下,仍具有重要的参考价值和启发意义。因为它是采用统一的方法对汉语事实全面分类,材料丰富,标准一致,直面矛盾,这有助于其他语法理论找到比较和参考点,从而推动对汉语语法事实的挖掘与理论概括。作者在序中说"这是一部讨论性质的书""提出来的问题会比解决的还要多",这正是本书的学术价值和经久魅力所在。本书研究的对象虽然主要是汉语,但由于理论方法的统一性、概括的普遍性,因而具有普通语言学意义,其理论方法完全可以施之于汉语方言、民族语言以及外国语的研究,这是我们在学习中应该领悟的。王力先生在其《中国语法学的发展》一文中评价这本书："一部方法谨严、系统分明的体大思精的汉语语法巨著。作者以直接成分分析法作为主要方法,但从不拿语言事实迁就理论。"(《王力文集》第16卷),诚得其实。

《中国话的文法》书后附有中外文词目索引,声调拼音撮法(即"拼写法"),颇值参考。同本(《中国现代学术经典(赵元任卷)》)印行的还有赵元任先生的名文《音标标音法的多能性》,全卷最后还附有《我的语言自传》《赵元任先生学术年表》《赵元任先生著译要目》。

第二讲　语言研究的对象

　　语言研究的对象自然是语言，其目标是要揭示和驾驭语言的规律，解释语言现象；语言学史的研究对象是历史上的语言观、语言学流派、语言学发展规律等。初学者对这两者容易混淆。国内语言学界有识之士批评过去一段时间有的学者以介绍国外语言学的理论为主要对象，而不关注语言本体的不良倾向。语言学史也可叫语言研究史。这方面的著作有丹麦威廉·汤姆逊的《十九世纪末以前的语言学史》、王力的《中国语言学史》、李开的《汉语研究史》以及何九盈的《中国古代语言学史》《中国现代语言学史》等。学习本章应注意理解语言概念内涵的多样性和复杂性，从宏观上了解语言规律的类型，不要局限于单一学派的语言观和研究模式。

　　在某段时间、某种风气、某些群体中，语言研究的真正对象可能会被忽略。有些人不停阐释和批评乔姆斯基怎么说、格林伯格如何讲，误认为自己是在研究语言。许国璋(1996)说过，"语言学界的学术活动，大体分两类：中文系学人以音韵、训诂、方言、汉语语法的研究为主；外文系学人以介绍、解释国外诸语言学派的论点为主。两者未见汇合。""介绍、解释国外诸语言学派的论点"与语言研究有关，但不是真正的语言研究。所以沈家煊说，"在国家的科研对策上，应该鼓励外文系从事语言专业的人(包括研究生)在研究一般语言理论时，以汉语为研究对象。"

　　语言研究的对象首先是语言。无论是作为符号系统的语言，还是认知系统的语言(可以是生成派的认知，也可是功能派的认知)；无论是天赋能力的语言，还是后天习得的语言;无论是书面语言,还是口语,不同语言学观,研究的侧重点不同。需要说明的是,从构建语言理论的完备性角度看,口语及其交际研究比书面语重要得多。很多时候,有些研究者容易忘记他的研究对象的局限性。比如,有些做计算语言学的,容易把txt文本语言处理与研究当作整个语言研究的对象,实际上其与真语言的"汪洋大海"相比差得很远。语言研究当然是从音义符号海洋的"一湾一水"(朱熹语)开始。这里提醒的是要学习者明确自己研究对象的局限性。从宏观上看,任何淡忘语音的语言学理论都是有重大局限的理论,虽然它在一定范围内可能很有效,但是语言毕竟是音义的结合体。

研究语言什么? 首先,要注意研究语言现象。语言学的老师们大都强调语言现象的重要性。现象、现象,没凸显性,就不是现象。或是形式特别、或是频率突出,这些让自己"心里一动"的现象,就需要敏锐地记录并观察。现象的发现和利用受制于观察者的理论水平。受科学中"偶然发现"方法论的影响,我们把语言现象大致可以分为普通现象、定向现象和奇异现象。普通现象,有的一下子看不出来的、有的仅仅是概率上"多"而已,可通过统计、归纳、比较、分析、概括以得出一定范围内或普遍意义的语言学规律,如研究《史记》中的"之"、研究汉语方言中的重叠、讨论《哈利·波特与魔法石》中的话语标记语"well"等。定向现象,是理论驱动的。根据某种理论可以确定某种现象的研究更具价值,例如,根据生成语法理论研究反身代词回指;根据类型学理论研究"VO"配置类型和附置词语序的蕴含关系;根据认知语言理论研究某种语言的隐喻和像似性等,这是定向研究某一类现象。奇异现象,只要识别即可,这种识别可以来自研究者的灵机一动,但更多来自理论的洞见,以及语言数据处理后意想不到的结果。普通人没有经过训练也可能对某些语言现象敏感,这些现象可能有语言学的深意(如亲密高调),也可以只是个体化随机变异。作为语言学者,我们也要清楚,我们对语言现象的敏感度和解释力是可以改进的。随着理论水平的提高,见多识广,就会对有用的语言现象越来越敏感,对语言现象的认识会逐渐升级。不坚持语言学理论学习和实践,可观察的现象就不足,解释能力也不会增强。此即爱因斯坦所谓"是理论决定我们可观察的东西。"

此外,还要研究语言的规律。语言学是一门科学,科学就要研究规律。这些规律有不同类型和层次的概括,有历时和共时的、结构和功能的、内部的和外部的;有基于公理规则的命题、有基于归纳概括的假设、也基于统计概率的倾向性描述。规律在古代就叫作"理"。黄侃说过:"所谓博学者,谓明白事理多,非记事多也。"[①]这句话是说世间的道理、语言学的"理"是有限的，但是事情、语例是数不清的。"博学"是指理论之博、明理之透，而不是记住很多事实数据。例如，钱钟书的《管锥编》，初看觉得内容很散——《周易》《老子》《太平广记》《全上古三代文》等等，这样一本一本、一卷一卷、一篇一篇的编排，无非札记游思而已。但是仔细一读，这些笔记铺排古今中外材料都熔铸一种事理、情理或艺理，不由得让人拍案叫绝。所谓"格物致知""格物穷理"：天有天理、地有地理、物有物理、事有事理、心有心理、情有情理。有道理、有伦理；有原理、有定理；有哲理、有学理；有文理、医理、药理、病理；有真理、有公理；有至理名言、有歪理邪说；有言之成理、顺理成章，也有理屈词穷、强词夺理。理是规则、理是模式、理有趋势、"理一分殊"。"极未形之理则曰'深'，适动微之会则曰'几'。"语言学人应"研几甚苦，搜象颇深"。

本讲试图划定一个笼统的语言研究对象框架。这未免是贪天之功，也就是我们儿时听老人们说的"蛇吞象"的故事——看起来是想吞下世界，而不知道自己的能力大小。但为学总得立一个宏观规模，学海无涯总得有个坐标，惟其如此，方能识大以明小，坚定航向而不偏。语言研究对象是语言，是语言的规律。语言的什么规律？语言的发生、演化、构造、使用与习得的规律，语言与其他现象关联的规律。研究领域可概括为发生论、演化论、构造论、使用论、习得论、关联论六个部分（下面分节概述）。这里所说的语言大体上是指人类交际和思维的音义结合的符号系统的观点。发生论方面，英文有 genetic linguistics、genesis of language 或 language origin 等词；演化论方面，宏观上多用"演化"（evolution）一词，语言与人共同进化的话题，中观上多用演变（change），historical linguistics 也属于这一块；构造论，是讨论语言的共时结构体系、组织系统；使用论，指关于语言符号系统的使用，涉及 pragmatics 和 speech act 之类；习得论，包括母语习得和二语习得；关联论，涉及语言与其他现象的关联。

若用二分观点看，我们的讨论走不出索绪尔所划分的共时、历时系统，但内涵不太一样。共时主要包括后四者，研究语言内部要素与组织的互动、语言与外部的关联互动。历时主要涉及前二者。但共时又是发生和演化的结果，发生和演化又主要是共时要素和关系的时空变化。所以共时和历时又是交织的，可以分开独立研究也可以综合研究。

明确这些分类，可以避免一些不必要的争议，消除一些模糊观念。比如，描

① 张晖.量守庐学记续编：黄侃的生平和学术.北京：生活·读书·新知三联书店.2006.

写和解释之争、形式派和功能派之争、规定语法和描写语法之争等等,按照赵元任的说法,如果各自明确对方在说什么,就没有什么可争论的。语言中有规范的东西,也有描写的东西;功能研究有直观的、经验的合理性,但形式也有独立研究的必要和价值;共时历时也各有价值(很多历史比较语言学家看不到历时以外的语言研究价值,而一些出色的描写语言学家弄不明白历时比较的研究价值),关键要清楚自己是站在什么角度,针对什么样的对象。

　　上述语言的发生和演化可以在宏观层次研究,也可以在中观和微观层次研究。"发生"和"演化"的区分既可以用于分类研究对象,也可以作为语言研究方法论的参考。例如,对词的词源考索(发生、历时)和共时描写分类研究不同,偏执一隅就会出问题。如"狐疑",表面上看"狐"是一种动物,"疑"是怀疑,可以是主谓式,也可以是偏正式,偏正式就是像狐狸一样怀疑。如果根据王念孙的"狐疑",它就是一个联绵词。起先这个词有好几种写法,如犹豫、踟蹰、犹与、嫌疑等等,"狐疑"只是其中一种写法的延续,今天看起来就像"狐狸(那样)怀疑"。这样"狐疑"划归哪种结构就难定了。假如根据赵元任说的语法就是共时分类体系,其语义解读应以中等程度的汉语水平,即以一般人的语感为标准,那么它就是偏正式。赵元任的标准看起来是很主观的,其实是方法论上的完善。如果不这样,一个共时分类体系就无法完成,因为你永远搞不清楚所有的词源。就"狐疑"而言,如果很多"文化人"都知道词源了,把它归入联绵词也是可行的。也有人研究说王念孙不对,狐疑本来就不是联绵词,那么偏正式就更有资格了。这样的模糊状况在整个系统的研究中多几例少几例,无关宏旨。当然,正确的词源解释和实用的共时语义解释能完美结合最好,但往往做不到。语言的共时分类体系是人工参与的逻辑分析结果,与沉积演化结果一定有不匹配的地方。有一种说法叫词源谬见(etymological fallacy),即特别顽固地相信历史上正确的词源。比如"西瓜"这个词,基本会认为是偏正式,这个是没有问题的。跟"冬瓜""南瓜"一样都是偏正式。如果查询一下史有为(2000)的《汉语外来词词典》,"西瓜"一词来自哥特语"xeko",是音译词,"谬见者"就非得说它是单纯词。就像"雪碧"这个词一样,若干年之后,很少有人知道是从"spirit"来的,会从字面去理解其词源。再例如,南京大学附近有一个地方叫"Grand Hotel",翻译为"古南都",听起来翻译得很优雅,但实际上是一个音译词。从"发生"源头上看问题,和从"演化"与演化结果上看问题是不一样的。

　　再以《说文解字》为例。很多《说文解字》研究类书籍,常指出许慎的错误,随之列出甲骨文、金文的字形证据之类,仔细一看——果然有错误,就把许慎的

"错误"信息给抛弃了。例如，许慎说"惟初太始，道立于一。造分天地，化成万物"，你会觉得一开始"一"不一定是这样解释的。许慎还用汉朝的谶纬之学解释天干地支。如：说"甲"为"东方之孟，阳气萌动，从木戴孚甲之象"；又如：对"王""天下所归往也"，引董仲舒曰："三画而连其中谓之王。三者，天、地、人也，而参通之者王也"等。这些解释看起来都不是本义，有人说这都是汉朝人编造的，汉朝人编的东西就没有什么意义。这该怎么看呢？许慎的解释反映那个时代认知范式，具有独立的认识价值。解释中除了蕴含独特的文化价值，仍然可能包裹"变形"的词源理据，如"一"，与"氤氲""浑壹"等词包含的原初混沌状态（黄侃）、"甲"中的"木戴孚甲"之象、"王"的"天下归往"的早期意义等。《说文解字》的字形说解虽然重要，但更重要的是保留更早的音义关系信息。况且有些现代学者老是认为许慎说错了字形，还真不一定是许慎说错了，或许是另有师承、别有来源的原因。甲骨文和《说文解字》字形也不是一脉独传。有人统计说甲骨文只认识了一千多个字，严格讲应该远低于这个数。因为这些字中有不少缺少足够的上下文信息，仅是由于偏旁部首组配像《说文解字》中的字就说是这个字了。需要语义、字形、语句联合在一起才能判断。共时地看，《说文解字》完全可以自成价值体系。

共时的语言体系是可以独立存在的，历时的解释是另外的体系，就像索绪尔用下棋来比喻共时和历时一样。例如，你在下象棋，有人过来研究棋子之间的关系，就可以提醒说"拱卒"。虽然他不知道谁吃了谁一匹马、一个炮，但是就盘面的制约关系可以直接分析判断。共时可以进行独立的研究，历时也可以独立研究。研究你此局的搏杀过程就可以判断你的输赢走势，研究你所有的对弈局盘历史就可以判断你今天的下棋水平和盘面控制能力。

历时比较语言学繁盛的时代，语言学家眼中的语言研究全都是历时研究。反之，描写时代，越是出色的描写语言学家就越看不到历时研究的价值。上一讲中李方桂的例子可以看出，他是一个非常严格的共时语言学家。他出神入化的语言描写才能得到淋漓尽致地发挥和表现，反而不能正确估算音义系统演化研究的价值。虽然他出过一本《上古音研究》，但仍然是以描写主义配列的方法概括的。彼时，上古音系研究材料已经不少，音系作为纯结构系统或理想的价值系统（索绪尔概念）与描写主义方法可以契合，李方桂在特定时机下就用熟悉的套路做了这个工作，当然是成功的。《上古音研究》是李方桂的讲稿，很多人引用这本书的研究成果，但他实际上本不想印出这个讲稿的。因为他自觉不太重视历时的研究，哪怕历史上特定时段的共时研究。

下面就从六个方面来讨论，目的是用粗线条勾勒语言学当前研究的宏观框架和取向。

1.发生论

语言发生学的研究天地是足够大的，大到惊人。我们从语言学的教科书上知道了关于语言起源有手势说、感叹说、摹声说、劳动号子等等。一般教科书用恩格斯的"语言起源于劳动"的观点来批评其他学说。其实这里有两类问题，一类是语言起源于劳动，是与人协同进化的问题，另一类是推论有声语言形成的初始条件或状态，这两类问题没有必要形成批评的关系。发生分为个体发生（ontogenesis）和种系发生（phylogenetics），个体发生会和种系发生有相似性的关联。比如，胚胎的发生和发展，以及鳃的发展轨迹。当代大脑研究发现：我们的大脑是从原始态逐步进化逐层累积，才形成今天神经元细胞体密集的灰质层褶皱。语言的个体发生其实是母语习得问题，可放到习得论中讲。本节讨论宏观上的人类有声语言音义符号系统是如何产生的。

这方面学界还没有成熟的思路，虽然有很多跨学科材料和假设推理，尚未有学者进行完全的消化和整合。在此提供一些理念、线索、范畴或参考框架供批评。对这个问题的认识要重视最新的研究成果、研究思路，尤其要善于吸收跨学科的研究成果。也要注意，在这个问题上，遗传学家、考古学家、生物学家、人类学家、神经科学家、动物学家等的工作都不能代替语言学家的独立思考和综合判断。例如，生成语言学家从语言的器官性、模块性、基因遗传性设定语言研究的基调。最近，相对于"系统整体论"提出的"生成整体论"就极具运思参考价值。

这个领域有很多经典讨论。18世纪的国际语言学会是禁止讨论语言的起源的。很多人都有自己的一套语言起源的说法，为此学会规定不再接受语言起源讨论的论文。这也证明语言起源问题是多么难解、多么令人着迷，语言学专家（expert）和外行人（layman）都跃跃欲试，说法自然良莠不齐。关于这个经典讨论，国内有一些翻译的专著。例如，赫尔德（1999）《论语言的起源》这本薄薄的小册子，还有卢梭（2010）的《论语言的起源兼论旋律与音乐的模仿》。英文中有赫、卢合二为一的版本。举一些较为重要的，且出版时间较早的书。例如，*The Origin of Language —— Tracing the Evolution of the Mother Tongue*，这是1994年的一本书。这本书的序言"How、When and Where"，讨论语言是如何演化的，什么时候演化的，在哪儿发生的。书中用场景、情境（scenario）来表达探讨语言起源的不同途径,是用生理学情境(biological scenario),还是文化情境(cultural secnario)。如果回答时间(when)的问题,用 biological scenario 的观点应该是 12 万年左右,如果从 cultural secnario 的角度来看应该在 5 万年左右。人类有声语言的起源,综合起来看大约是 5 万年左右。也有人说可以上升到 10 万年左右。这一类问题是可以讨论的,这不是一个禁区,不是某一个学者说了算的。此种问题刚开始,要跟踪它的发展,最后要建立一个模型,如果资料足够多的话就能推测出一个模型。很多学者长期关注这个问题。例如,鲁国尧先生前段时间发表了一篇文章①,讨论关于语言起源的单源说和多源说,有一位很著名的人类学家提出多源说,从基因角度来看,好像是单源说,这个是没有定论的。没有定论的课题就会有一个空间,继续进行研究还是很有必要的。

我们讨论起源,还有一种方式是以个体发生为参考。早在 1949 年出版的《言语的襁褓和襁褓的言语》(*The Infancy of Speech and the Speech of Infancy*),这本书的出版时间很早,对成书之前的相关研究也综论得较充分。在阅读这些书的时候不能因为其成书时间早就弃之不理。一些 18 世纪、19 世纪的原创性研究和思考也是很重要的,仍然对我们的研究具有极大的启发性。例如,我们今天讨论的 babbling,即婴儿在获得语言之前有一个 babbling 阶段,这个阶段的儿童可以发出人类所有的语言。我们今天的所见一般描述也就仅限于此。而这本书对 babbling(呀呀学语)现象具有细致的解剖学一样的研究,精密分析了整个过程。如果从个体发生角度来看,可以从这本书获得很好的启发。

还有一种思路是从交际系统进行研究:将语言放在人与人整个的交际系统(communication system)来看。这也是一种很正常的研究方式。有一本书是 1999 年出版的、Steven Roger Fischer 写的 *A History of Language*②,书的第一章就是 Animal Communication and Language。这种安排很好,从动物的交际角度来看,因为人也是从动物演化而来的。第二章是 Talking Apes,分析猩猩和猿是怎样沟通的。第三章才开始讲 First families,即第一个语言的系属。还有 2007 年牛津大学出版社出版,David Armstrong 等写的 *The Gestural origin of Language*③。Gesture 是手势,书名可以译为《语言的手势(或姿势)起源》。开篇提及

---

① 鲁国尧. 一个语言学人的"观战"与"臆说"——关于中国古人类学家对基于分子生物学的"出自非洲说"的诘难(附吴新智院士赐教语). 古汉语研究,2012(4).

② Steven Roger Fischer. *A history of Language*. Reaktion Books.1999.

③ David F. Armstrong , Sherman E. Wilcox. *The Gestural origin of Language*. Oxford University Press.2007.

柏拉图已将聋人的手势语言和语言起源挂钩了,这种史料对相关方向的研究者来说是很难得的。学者们都希望把探讨人类语言起源的时间推得更早,这本书就推到姿势、手势时代。该书15页提到1998年发现的镜像神经元,这就找到了手势沟通的神经基础,因为人等灵长类动物都有这个神经基础。它会自动运算动作、模仿动作,为什么猴子会模仿你戴帽子呢? 这种模仿能力是有神经基础的。

另外就是从语言接触的角度来看,例如,Mufwene 的《语言演化生态学》(*The Ecology of Language Evolution*)[1]。这本书主要研究克里奥尔语,即一种语言在洋泾浜的基础上独立成为另一种语言,成为某群人的母语,是一种新语言的产生。这种方法可以个案式地、非常清楚地展示一种新语言产生的过程。这本书和本节的话题看起来有点远,实际上很有关联。我们讨论语言的产生是种系的,是人和语言一起进化的,而这种"新语言"的产生:人还是这种人,人种还是这个人种,风俗也还是这个风俗,不过是在接触的过程中产生了新的语言。这种方法可以用来推测早期的语言音义发展的形态。

还有关于个别的、某个语种的发生学讨论。发生的、演化的可以看作一种对立的思考方法,一种对立地观察人类语言整体、个别语种、个别语种的内部单位和组织的形成、演变方式。例如,关于汉语的起源。1994年香港城市大学开过一个国际语言学专题会议,论文结集为《汉语的祖先》,王士元教授主编,李葆嘉教授主持翻译。李葆嘉教授的序言对该书和该领域的研究有较好的概括,极具参考价值。书的后记有关于汉语演化研究的相关重要文献和研究者,提到了白一平、白保罗、包拟古、蒲立本、龚煌城、沙加尔、斯塔罗斯金等。看起来人名很多,但是做汉语发生、演化的学者人数并不多,即使在国际上,人数也是不多的。

上述书籍是研究生进行相关学术研究的基础。此外,查阅最新的论文能更快地了解学术动向,可以直接到 *Science* 和 *Nature* 杂志中查找类似的文章。现在似乎只有演化类的语言学论文可以发表在最高级科学期刊上。目前,我国的跨学科团队取得一些突破(见"第九讲")。2001年来自 *Nature* 的"人类发现语言基因 Foxp2"的新闻激发学术界和公众对语言基因的普遍兴趣。这个研究的小组我们很早就开始关注,十年前就有相关书籍提到了。书中提到这个英国牛津大学的研究团队研究一个叫 KE 的家族,这个家族各种行为表现和常人差不多,但

---

[1] Salikoko S. Mufwene .The *Ecology of Language Evolution*. Cambridge University Press.2001.

是在语言方面有一些缺陷(如语法的一致关系难以习得等)。这个家族就非常适合作为研究对象,因为其成员语言之外其他的指标是正常的。如果家族成员存在精神问题,或者其他方面的问题,就分不清是否是语言基因在起作用。通过这个例子我们就应该思考:遗传和语言学是否可以建立关系呢? 是否可以建立一种判断,使之成为我们知识体系和智识的一部分?

语言学界主流理论基本承认人类的语言机制有基因遗传的生物学基础,乔姆斯基等生成派也认为人类语言能起源于一个基因突变的事件。但现在学界对基因突变导致人体什么样的功能状态改变从而赋予人类语言能力,讨论不足。综合各方面信息看,人猿揖别的基因突变首先影响了一群类人猿的频率感知能力,使早期人类在生理上具备对声波的统计计算能力,同时伴随因镜像神经元的作用而产生的与同类的协同注意、互为意向化的能力,然后在两种因素作用下人类的有声语言能力才有可能逐渐发展起来。这方面,可参考上讲所述迈克尔·托马塞洛《人类沟通的起源》一书。托马塞洛认为语言的起源是一种涌现的复杂适应性系统(emergent complicated adaptive system)。书中将灵长类动物全部纳入演化讨论的范围。其中包含一些概念,比如说以手指物的特征。再例如,猩猩的沟通机制不包括告知对别人有帮助的事这一项。灵长类中,人类是作为一个变异物种出现的,存在这样一个特点:能够站在对方的角度将对方看成和自己一样的有意向的动物。人类异于其他动物的地方就是能够觉察对方和自己有共同之处,这就建立了共同关注一项事物的基础。即使是今天,这种感觉在猩猩身上是没有的。他们进行了很多实验,比如,一只小猩猩因找不到妈妈而在哭,另外的猩猩知其妈妈在哪里就是不会告诉它妈妈在哪儿。书中还提出了共享意图(shared intentionality):人类合作式的沟通是人类文化建立的基础。作者对语言的最基本判断就是手势语,他们的研究和生物、遗传结合得很紧密。手势语后期也是一个阶段,手势语后期有多少因素,有声语言是怎么起源的,还有另外一些问题可以讨论。基因变异说可以和经典进化论的变异与选择机制结合起来。变异是什么? 变异就是一种随机,变异出现的时候是不可控的。人猿揖别就可能是一次随机的基因变异。变异后个体和种群的特质被自然选择而后形成新种。

说到智识,想到AI理论的一个普通模型,即在学者的眼中首先接触的是数据(data),数据连在一起会形成信息(information),信息可以凝聚为稳定的知识(knowledge)形态,再上一层就是获得一种智识(wisdom)。智识是自下而上获得的一种普遍性的通识。在语言起源问题研究的领域,国内多数学者几乎没有受过西方严格的科学训练，但根据或零星、或相对系统的数据、材料，不断比较、思考，也可以获得超出一般的智识。虽然在严谨性上存在一定缺陷，但这种思考可以推动我们学科发展。不管起点高低，我们国家需要有人讨论语言发生论的问题。2013年在北京召开的演化语言学讨论会，代表了国内演化语言学研究的较高水准。

还有一些跨学科的方法。语言起源研究本来就是一种跨学科的方法。涉及哪些学科呢？人类学（分子人类学）、生理学、考古学、生物学（遗传生物学、分子生物学）、脑科学、认知神经科学、计算机科学等等。学科多了，内部也有交叉、侧重。语言起源研究可以看作基于任务型的多学科攻关工程（参第九讲）。

还有一种科学研究是古神经学（Paleoneurology）。它是神经学和古生物学的交叉学科，通过虚拟技术推测颅腔的各种数据。他们通过研究发现人类进化过程中，变化幅度最大的是脑高，其次为脑长，再其次是脑宽。我们可能没有想过从内部推测脑量，最大幅度是高度变化了，脑长是其次，宽度是最后的。这是语言起源研究的小分支。

从语言学家角度看，对于语言发生起源的研究存在一个大问题，就是语言内证研究不足。生成语法是一种弱推测模式，还有很多可以做的工作。中国传统语文学可以贡献一些资源，学界对这方面的关注不够。王士元先生倡导的脑、遗传、田野调查、多语对比、计算模拟等思想都非常重要，但仍然缺少一小环，如汉语演化音义基元建构。而国内同源词研究远远没有跟上，这就缺少这一环的参考。西方语言学缺少长期稳定的、材料相对单一的、不间断的文献积累过程，原始语言发生的音义残存不容易发现。汉语发生、演化研究音义线索仍在，经过历代语文学家的爬罗剔抉、刮垢磨光，是可以为今天讨论语言发生问题提供参考的[①]。比如黄侃先生古本韵说、喉音说等。传统小学中讨论的称谓词、词头及其音义扩散发展，待条件成熟，也可以建模推演。例如，关于父母称谓的形成，足够的语料已经可以较好地说明语言系统适应人类生理结构、感知方式的一个方面。目前很多基础的工作没有人做，例如，历史语料比较丰富的语言同源词音义基元建构，这种工作需要逐步做起来；再如，加强同族语言比较、跨族比较，才有可能逐步认识人类语言早期的发生方式的细节。然后参考

---

① 王宁（1995）认为汉语词汇积累首先是原生阶段，周秦是词汇派生阶段，两汉以后合成造词为主。在发生阶段，原生造词是源于生理发声的对象化以及自然之声的感应，如父母称谓，牛、蛙、鸭、鹅以其名叫之声命名，"流、涟、滴、沥"以其水声，"软、嫿、茸、柔"为日组发音腻黏之感。

考古学、遗传学、神经学、脑科学等成果，进行综合推理，就有可能产生新的发现。跨学科结合是后期的工作，现在语言内部还有相当艰巨的工作要做。

有的学者在"演化研究"的名义下涵盖发生论的研究。我们这里是为了强调语言初始态的重要性，希望提醒相关学习和研究者注意观察最早期的状态。就像生物学严格区分胚胎学和发育学。前者将发育过程限定在胚胎发生到成体形成的阶段，而发育生物学将对发育的研究扩展为从生殖干细胞的形成到个体衰老死亡的全过程。需要注意的是，有的以"语言发生学"[①]命名的书实际上主要讨论的还是语言的系属分类问题，这种研究虽然部分涉及语言发生态的问题（如"发生学密度（genetic density）"），但不是聚焦初始态的形成机制的。

2.演化论

语言演化研究的对象可以是单语种的，也可以是语系、语族的，也可以针对整个人类语言的种系演化。这种研究既有语言学内部的常规范式，如基于同源的历史比较法和基于空间的接触理论；也有跨学科的范式，如基因、考古、神经科学等分散或联合的研究。一般的语言演化研究，与经典的历史语言学有相当的重复。用"演化"表述主要是基于宏观视角，涵盖领域更广，理论色彩更强且具有鲜明的跨学科性质。

传统的历史比较语言学的重要任务是通过拟测已消失的语音形式重建语音史以及语言之间的系属关系。正如马克思和恩格斯所褒扬的，比较语言学"正是由于比较和确定了被比较对象之间的差别而获得了巨大的成就""比较具有普遍意义"[②]。拉波夫（2001）认为"语言演变起主要作用的是语言自身的机制，而非语言交流的需要。19世纪大多数语言学家很清楚：语言演变的机制主要是语音变化，它们是以机械运作方式进行的，和语义、社会交际的需要无关，我们有充分的理由认为：这仍然是普遍的演变形式"。随着研究的深入，学者们发现通过所谓核心词比较构拟去区分语言之间是同源关系还是接触借用关系有时是很难辨别的。语言之间没什么成分是不能借用的。有学者提出，既然"同源"难定，就不用"同源词"来定名，应该先用"关系词"来指称，等到材料积累多了再判定是否真的有同源关系。

---

① 例如世界图书出版公司北京公司2009年引进的Joseph H. Greenberg的《语言发生学——理论与方法文集》。本书由历史语言学学者江荻导读，内容丰富，可读性强，是难得的参考书。

② 马克思,恩格斯.德意志意识形态.马克思恩格斯全集,VOL3:518.

语言谱系模式的研究也受到质疑，罗伯特·迪克森(2010)《语言兴衰论》认为谱系树仅适用于语言的裂变期，而十多万年的语言演变大部分属于语言的聚变期，裂变仅仅偶尔发生。语言整体上是以趋于平衡的聚变为主。就汉语语族来说，一些方言、民族语言的融入贡献也较大。欧洲的语言谱系树是零散的，受到地域限制。迪克森接触到的澳洲、新西兰、巴布亚新几内亚那些语言，极其近似语言产生初期纷繁复杂的情况，一个不大的地方就有七百多种语言，这便于观察和总结语言变化的模式。Roger Lass编著的《历史语言学和语言演变》认为人类不是语言的建造者，而是语言的使用者。人使用的是语言系统在历史中演化的结果。人说语言、使用语言，但在语言的变化中人是被动的接受者，人的行为与语言变化有关，但并不决定语言变化的方向。人类更多的时候是被选择的，在潜移默化之中接受语言带来的改变。书中提出一个术语：齐一性(uniformity constraints)，在历时语言学的研究中有一种叫齐一性控制。在齐一性的轨道之内，随机涨落的现象背后有一种稳定的不变的东西，例如，几个元音变化就能影响语言发展的结果。语言的演化系统在数学领域上看，是一个敏感的建立在初始条件上的动力系统(dynamic system)。动力系统就是数学化地表现一种交替的演化活动的系统。

汉语发展史研究范式与西方不同。我们的"构拟"(reconstruction)以前主要依赖根据历史韵文和音义辞书。我们有连续不断的多代同质文献，适合文献语言学的汉语史研究，既可作断代又可作通史的研究。通过上古韵文体系韵部、"同声者必同部"与谐声字的利用，乾嘉以来学者对音韵演变的规律性有明确的认知。当然我们也不排斥方言和同系语言的比较构拟。例如，李方桂在1977年注意到汉语喉音特征与声调演变，喉音特征、声母清浊、送气不送气、带不带前置喉塞音等，发现古台语一套前带喉塞音的复辅音。学界根据汉藏语同源词("吾""无""日"等)可以推测汉藏语分化在6 000年前。新的考古、文化综合研究，认为现有汉语系统在8 000年前成型。20世纪七八十年代以来逐步形成汉语演化的历史层次观①。罗杰瑞发现闽语的词汇有汉代、南朝和晚唐三个时间层次。闽语、吴语的鱼虞、脂之有别也能看得出《切韵》中反映的南北差别。语音演化有条件限制的严整的规律性方面，也有例外的解释。"词汇扩散"是中国语言学者提出的模式。

---

①指在一个共时语言系统中成系统地存在着不同方言或语言来源的成分。层次有音韵层次、词汇词义层次、语法层次。

在词汇史、语法史方面，现有范式比较重视语义演变类型和常用词替换演变的研究，并逐步注意到词汇演化的系统性。王宁（1995）发现上古汉语词汇发生和积累大约经历三个阶段，即原生阶段、派生阶段与合成阶段。周秦是词汇派生阶段，两汉以后合成造词为主。演化的"变异–选择"模型可以用于观察词汇竞争变化。例如，汉代产生的复合词"人民""民人"都经常使用，后来"人民"被汉语系统"选择"了，替换了"民人"。《汉书》中表示"害怕"义的，有"恐惧""忧惧""惧惮"等十几个变异形式，后经系统渐渐筛选，"恐惧"成为主导形式。这里面由语义、音系、文化等多种因素来决定。语言是适应性复杂系统，它在演变中随机出现的形式是不能完全解释的，也不能完全控制和预测。人们在语言交际过程中，或者无意识、或者有意识地进行选择，导致语言要素的增减和系统的逐步改变、演进。变异与选择的综合作用可与现在自组织理论结合起来重新解释。语法史领域，重视虚词和格式的演变，引进西方语法化理论和认知语义学解释汉语演化现象在学界方兴未艾。语法化单向性是热点，语法化的语用起源、类型学普遍性考察也很盛行。有学者强调语法演化与语法化的区别，演化是大势大系统变化，语法化是具体语法单位和结构的变化。石毓智（2015）对汉语被动式和处置式、工具式及其中介词的平行演化和制约关系的论述是一个范例。语言内部要素和组织伴随人们的交际互动、人们与自然界互动而改变，它们都是相互适应和谐，很多研究从这种互动中分析解释语言演化的原因。语言演化方式和机制等有很多总结。例如，接触与融合、变异与选择、经济性与羡余性等。

从演化角度看现有任何语言系统乃至整个人类语言学系统，都是复杂时空中前代语言堆集的结果，因此，研究一个共时系统中语言要素不同历时层次是演化研究的重要内容。演化过程经历不断的语言接触，再由于交际距离进而形成差异，"在一个社团中，言语最重要的差别是交际密度不同而产生的"（布龙菲尔德2008:50），最后形成异质有序的语言状态。

宏观的语言演化研究涉及的理论模型和方法都有鲜明的跨学科性质。王士元《语言、演化与大脑》（2011）一书的序中指出："宏观的语言学家……已经成为我们学科里的主流……要了解语言发展的来龙去脉，我们一定要借助演化论的光芒，一方面分析大量的个别语言，一方面也探索婴儿的语言习得和其他动物的沟通模式，并与人类学、心理学、神经学、遗传学等一起合作，从事跨学科的研究。"我们认为，语言演化研究需要结合发生论的基因突变说、体质演化观、认知神经科学，借用生态学、涌现论等复杂科学解释模型，并运用田野调查、心理测试、生理比较、仿真建模、分子人类学分析等方法。演化问题探讨中，语言本体演化这种中观的研究成果和材料比较多。从外在和内在信息"遗传"角度看，写《时间简史》的霍金说：过去1万年里人类进入了他所谓的外在信息传播阶段，而内在信息，如一代代传下去的DNA，却并没有发生显著的改变。外在的信息记录，以书籍和其他可持久储存的形式，则在大规模的增加。这与Tomasello的人类文明进程的"棘轮效应"是一致的。演化研究既要关注语言的历史、使用人的历史、语言文字产品的历史，也应注意语言基因的遗传演化的历史。

3.构造论

构造论是关于语言共时系统的结构和组织方式的研究。传统上，中西古代语文学者为了"解经"、阐发哲理等形成不同的对语言结构的认知和经验成果，如西方传统的唯理主义语法，中国历代经师的传注语法以及元明以后虚词专书、清末马建忠融贯中西的文言语法等都是对语言构造的解析与探究。

索绪尔以来结构主义把语言视为一种共时符号系统的观点就是关于语言构造的重要理论模型之一。这种观点认为语言构成单位的音和义之间是没有必然联系的符号关系，线性的符号与符号之间存在组合关系，其中可替换的成分之间存在聚合关系。语言作为音义的符号系统必有其结构并具有层级性的构造关系。我们今天中学、大学教科书中关于语言构造或结构的基本知识仍主要来源于结构主义的分布式描写法的研究结论。所以我们上文强调对索绪尔、布龙菲尔德、赵元任等语言学和语法学著作的学习。

关于语言和语言现象的各种理论大都集中于对语言音义结构关系的认识，这种认识又建立在不同语言学观的基础上。经典结构主义是基于语言是一个社会性的集体意识产物、是一个公约化的符号系统，而现代社会语言学家只看到不同社会阶层和方言社团的语言变体（variety）。现代功能派认知语言学认为语言能力是人们一般认知能力的一部分，语言是依赖人和社会互动的建立起来的适应性系统，语言研究目标是揭示语言构造的人类经验共性和认知共性（如像似性、概念化等）。而生成派的认知观则认为语言是基因赋予个体的内在的独特认知系统，即"天皆赋以此心之所以为意"，语言研究目标是探究遗传决定的普遍语法，方法上力求达到逻辑和生理的充分性。有些功能派特别强调语言的互动性、交际性，而生成派特别强调语言的个体思维属性。

从语言要素角度看，现代结构主义关于语音、词汇、句子都有系统的分科研究，形成音系学、形态学、语义学、句法学的成熟学科体系并不断扩大对语言单位的描写范围,如对句群、篇章、语体、互动语段的系统描写并形成新的学科。尝试综合运用功能、语用、认知和跨语言对比的方法研究语言的共性和个性规律。

目前,语言类型学是个研究热点,但类型学没有独特的语言观,可以视为传统结构主义和功能主义研究范式的升级版,其要害无非是增加语种来归纳共性。但要做到自觉运用多种语言的经验数据论证同一语言现象是不容易的。有些传统学者对此有抵触。他们反复强调挖掘单语的语法事实,做得好的也能自觉利用"普-方-古"的语料,但这是不够的,还可以加上民族语、外国语。对于共性规律探究所运用的语料,我们应该采取开放的态度,可以说是"古今中外动"[①]"老弱病残孕"[②]齐上阵都不为过。这里面有层次问题、有短期长期目标问题,不是单一语种研究不重要,而是要明确研究局域性和全局性的关系。现在学者们大体有一个共识,离开了语言的共性,就不能深入研究语言个性。在共性研究兴起之前,我们对汉语特点有很多武断的认知,例如,主谓谓语句、名动活用、声调语言、形态匮乏、语序重要甚至小型句等等,这些都不是汉语的特点。真正汉语的特点需要在概括对比了更多的语言之后才能发现,才能给以某种程度上的、倾向性的概述。

总之,现代理论语言学的主要目的是探究语言普遍现象,致力于语言静态结构和动态运作机制的共性研究。

4.使用论

吕叔湘说:"对语言进行静态研究很重要,是根本,但不应到此为止,应当重视研究人们怎样使用语言,关注语言的动态变化。"[③]不管将语言定义为什么系统,它的交际性是显而易见的,也就是说语言的音义系统、语言的句子是用来表达和使用的。韩礼德的系统功能语法将语言功能细化为工具功能、调节功能、表征功能、相互作用功能、表达个人功能、启发式功能、想象功能。不同的学者对语言的功能描绘不同,其中一种描绘是说语言的某些语句具有寒暄功能、撒谎功能。

关于语言的使用,有两个领域讨论最多:一个是语用学(pragmatics),一个

---

① 动物的交际系统也可以参考。

② 语言的发生、衰退,病理语言,特殊生理状况的语言都可以作为对象。

③ 引自江蓝生(2016)在公众号"今日语言学"上发布的文章《试谈吕叔湘先生的治学之道》.

是言语行为(speech acts)。

语用学指研究语言在交际中的运用,特别是指研究句子与它们所使用的语境和情景之间的关系。从个体能力角度看,语用学研究语言使用者将语句和恰当使用该语句的语境结合起来的能力。语用学包括以下几个方面的研究:一是人们对话语的理解和运用与对现实的认识有什么关系;二是说话者如何使用和理解言语行为;三是句子的结构如何受说话者和听话者之间关系的影响。语用学有时与语义学相对,语义学研究意义时不考虑使用者和句子的交际功能。会话分析,是分析自然会话,目的是揭示其语言特点和在日常生活中的运用规律。它研究说话者如何决定会话过程中何时说话(即话轮转换规则)、两个或两个以上说话者的话句是如何联系在一起的,会话的不同功能(如建立关系、表示礼貌或亲近),等等。

言语行为是奥斯丁在哲学里面讨论过的,虽然是相对独立的,但是也属于语言学系统内部的。言语行为理论中,语句(utterances:指交际时作为一个功能性单位的语句)有两种意义:命题意义(亦称言内意义 locutionary meaning),这是语句基本的字面意义,由语句里特定的词汇和结构来表达。言外意义(亦称言外力量 illocutionary force),这是语句或书面文段对读或听造成的影响。如"I am thirsty.(我渴了。)"这句话中,命题意义是该语句所说的关于说话者的生理状态,言外意义是说话者希望该语句对听者所能产生的影响,其目的是要求有些喝的东西。言语行为是指同时具有命题意义和言外力量的一个句子或一句话。言语行为有许多不同的类型,如请求、指令、命令、抱怨、允诺等。间接进行的言语行为有时称间接言语行为(indirect speech act),如上述表示请求的言语行为。用间接言语行为来执行某些言语行为,如表示请求或拒绝,常让人感到有礼貌些。

有一些核心问题的讨论,实际上也是语义问题,例如,"蕴含"这个概念。比如,"明天星期天"这句话,因为说话者的不同而"蕴含"不同的意义。还有"预设"。比如,"我知道张三是个骗子"和"我不知道张三是个骗子",这两句话的预设是相同的——张三是个骗子。"预设"中还有一些合作的原则:相关、适量、明晰。如果不适量,就会有会话信息。例如,小说中男士和女士互相道别"再见!"就走了,如果说"下次再见,到我家玩啊!",就具有会话含义了。太普通的内容就是寒暄,如果想不普通,就要加量,就具有了会话含义。还有言语行为,言语是用来做事的,例如,表态、提问、承诺、指令,所有的言语行为要满足适切原则,不满足这个原则就会被看作是开玩笑等。

重视交际能力。这种能力不仅表现为能使用语法规则来组成语法正确的句子，而且知道何时何地向何人使用这些句子的能力。"使用论"要研究说话规则，知道如何开始并结束谈话、不同言语活动中谈论什么话题、不同场合下对不同的人用什么称谓形式等。要掌握如何使用不同的言语行为，如请求、道歉、致谢和邀请，并对其作出反应。例如，英语句子"It's rather cold in here.（这里挺冷的。）"，特别是对下属角色来说，可能是一个请求，表示关窗、关门或打开暖气。

5. 习得论

语言习得（language acquisition）包括第一语言习得和第二语言习得。

生成语法学派认为语言习得的本质是大脑中的先天语言机制的激活，基于这种理念，有人认为该学派的"acquisition"翻译为"获得"更合适。有一本书很好——《从语言学角度看语言习得》，通过书名就可以知道这是生成语法学家写的书，生成派默认"语言学角度"的"语言学"就是生成语言学，行为派、功能派一般不会用这样的名字。生成语法学家默认形式句法范式的语言研究才叫语言学。在这种先天论视角下，人类大脑初始态的白板说是不成立的，行为主义的模仿学习说也是错误的。行为派眼中幼儿学习语言经历的咿呀学语（babling）阶段、独词阶段（one-word stage）、双词阶段（two-word stage）和词句（multi-word）阶段，也被认为是生物程序的表达而非模仿学习的成就。华生、斯金纳的行为主义、行为强化理论都被全面地批评，主要的理由是说行为主义理论不能解释母语习得的迅速性（rapidity）和一致性（uniformity）。儿童在短短的三年左右时间不经过任何形式的专门教学训练，就可以迅速地获得自己的母语，这与许多成人漫长而进步缓慢的外语学习相比，无疑是一件非常神奇的事情。除此之外，儿童的语言获得还具有一致性的特点：虽然每一个儿童所处的语言环境不尽相同，所接触到的语言输入在质和量上也不可能整齐划一，但每一个正常的儿童都是天才般的母语获得者，他们一般都在大致相同的时间段获得自己的母语。当然这种观点也遭受到批评，比如有学者认为不经过科学的论证，很难说三四年时间就是"迅速"的。

功能派认为语言习得不是动物简单的本能行为而是社会化学习行为，离不开模仿学习、接受指导学习和合作学习这三种人类基本的学习形式。母语学习、二语学习都是这种形式。二语学习者受到母语规则的影响常常会产生偏误，对这种偏误的分析，既有理论意义又有教学实践的价值。在二语习得领域，中介语理论影响最大，中介语被视为独立的语言系统，由此产生诸多的研究课题。

讨论语言习得和我们上述讲的，尤其是发生论的某些东西可以关联，语言的个体习得研究通常在发展心理学（developmental psychology）、发展语言学（developmental linguistic，也有叫儿童语言学）中多有研究。近来，儿童语言发展中句法、音系及语义界面之间的协同作用越来越受到研究者的重视。二语习得领域关于界面（语义-句法、音系-句法、形态-句法、句法-语用等）习得的难度问题也是一个热点。

语言习得领域研究积聚很大的学科群。例如，八九个月的儿童习得成就，就涉及神经学髓鞘质发展、心理学儿童指示行为、认知文化研究的意图理解和联合注意等等。随着人工智能的发展、计算机算法的演进，习得的解释越来越近似适应性复杂系统理论。儿童和成人不断接触语料，大脑中表征音义符号的神经节点与节点之间连接增强，"自发催化"的小系统有序不断增多且相互作用，最终获得高度有序的语言处理系统。要全面认识语言习得的本质，我们需要在本学科传统范式基础上多多关注不同学科的相关研究成果。

按本书的旨趣，习得研究是服务于语言学理论、服务于语言学规律的，而将习得规律用于教学是另一层面的事，不是本讲的重点。二语习得领域 Susan Gass 和 Larry Selinker 的书是最重要的，上海外语教育出版社引进的 Rod Ellis 的《第二语言习得研究》（第二版）内容全面而深入，应该参考。

6. 关联论

关联论有两种情况：一种是上述五个方面可以相互关联起来观察和解释语言现象，另一种是将语言和其他现象研究关联起来解决语言学的理论和实践难题。

语言总是和其他现象相关联，研究这种关联可以深刻理解语言规律、其他现象规律以及它们互动的规律。跟语言学关系最大的，是第一类，从关联看语言，描述和解释语言自身的结构规律以及上述各方面的规律，如拉波夫的社会语言学（以语言变体为主）、功能派的认知语言学、生成派的发展语言学等。这种"语言学"只是显示方法取向，其实还是本体研究为主。

这个领域涉及大量以"某某语言学"命名的专著和论题，如儿童语言学、病理语言学、神经语言学、心理语言学、生态语言学、新闻语言学、刑侦语言学、政治语言学、法律语言学、文化语言学、人类语言学、模糊语言学、幽默语言学、食物语言学等等；有的还可以再细分，如心理语言学（psycholinguistics）又分成理论心理语言学、应用心理语言学、哲学心理语言学、社会心理语言学、人类心理语言学等。外文书中常把这种语言学命名为加连接符的语言学(hyphenated linguistics)。这让外行人感到语言学主要是研究这些方面的,其实很多并不是语言学的主流。这些"语言学"充斥着不少低端的作品,表现为问题意识淡薄、材料零散堆砌、学理性欠缺等。当然也有启发性较强的原创研究,如卢利亚(1987)的《神经语言学》。有些矜奇尚异的"语言学"不值得提倡。

从语言学研究生的学习角度看,应该主要关注用跨学科方法研究语言本体规律的研究。例如,沈家煊倡导认知语言学而且能紧紧围绕具体语言的实例。本书第十讲讨论跨学科方法再介绍。

【讨论摘录】

问:看过一个消息说婴儿听顺序的语言大脑会有反应,听倒序的语言大脑没有反应。有人提倡让婴儿看电视学语言。如何看待这些说法?

答:符合语言规律和节律的声音,婴儿的大脑会优先去"计算"它,这属于生理上自动的统计学习(statistical learning)。不管顺序还是倒序,只要是人声,几个月的胎儿和婴幼儿都应该有反应。只不过,如果"倒序"是电脑的设定发出来的,其节律不是真实语言的音流,会影响婴儿计算的取向。有没有反应还要看儿童语言发展的时间程序或时间窗口。如果婴儿已经建立起对母语的节律和音长模式的感知形式和反应模式,实验者再来用"倒序"语言做实验,可能就没有明显的实验反应效应了。有人用这个例子来说明乔姆斯基先天性结论的存在。

关于婴幼儿看电视学语言的问题,就目前掌握的信息看,不是一个好的选择。心理学、神经学研究发现灵长类动物会优先处理周围的运动物体。这是一种自我保护的进化本能,静止的物体不会给生物体构成威胁,活的物体则可能导致生物体灭亡也可能是呵护其生存的母体。生物体会对身边移动的物体进行优先运算,除了躲避危险,还可以获取食物、促进隔代特定种群能力的习得。语言能力是人类物种特异性能力,其习得是建立在基因基础上的与周围抚育者反复互动的结果。因而第一语言学习,也就是母语的习得不能单纯甚至辅助性地依赖电视这样的影像输入。这种输入虽然有声音和形象,但缺少了最重要的全身心的互动,这种互动才是母语获得的关键。

中国传统语言学资源中也有可以帮助我们理解人脑对移动物体概念化、范畴化的绝佳实例,善用这些例子设计现代的语言实验,或许能帮助破解语言认知系统的某些隐秘难题。王国维《观堂集林》中名篇《〈尔雅〉草木虫鱼鸟兽名释例》注意到《尔雅》中"犹豫"类似的声音可以指一种鱼,可以指一种老鼠,也可以指一种飞鸟。这几样东西所处的环境大不相同,外形也大不相同,但是用一种声音来命名。这种声音表示意义的核心义素是"行动缓慢"。在现实环境下差别很大的东西,用一种声音来命名,其核心特点是移动缓慢。移动缓慢的物体会优先作为人脑命名的理据。这是我们作为生物体的本能反应,我们大脑会对与速度有关的特征进行优先运算。如果现代认知神经语言学家采集自然界这些动物的运动频率,再以不同速率做出抽象运动的曲线(上下或左右运动)来测试人类的感知,或许能找到人类用于命名的敏感速度区间。这种音义结合的过程,很好地说明语言是一个适应性复杂系统。这是生理、心理、语言(音义命名)互动过程在语言词汇里的折射。传统的小学理念是不关心这些的,王国维也不会想到这个和认知神经研究有什么关系,我们可以动用更多的解释资源看待这些现象。这就是我们把一个传统上"死"的东西变成"活"的东西。

我们将来的工作就是用演化的思想对语言与其他相关现代学科研究的成果做系统关联,近似于王士元研究中论及的认知语文学(Cognitive Philology)。传统语文学中有大量的这种东西,比如古代的《公羊传》等,有待于我们发掘。

思考题

1.语言规律有哪些类型?

2.语言习得研究有什么价值?

3.如何处理语言本体研究和关联性研究的关系?

第三讲　语言单位

　　不管是什么语言学理论,辨识语言最小单位都极为重要。基于理论观察的对象的单位以及理论本身抽象的概念单位都是语言现象解释的根本资源。这些单位组成的系统,类似于哲学上和计算语言学中的本体(ontology)。我们要研读领会前人提出的各种基本单位,同时思考这些单位的异同及其在各自理论体系中的制约关系,可能的情况下要勇于提出自己的"单位"。

　　从系统性角度看,单位构成组织(结构),组织行使特定功能,这是语言研究的基本信念,是直观之理,没什么可怀疑的。音节或词这样的单位,没经过语言学训练的普通人也能感觉到。而认识音素、音位、语素、方音子(diaphone)[①]、标句词(Complementizer)[②]这样的单位就要通过学习语言学知识并结合语感体验思考才能明白。从普遍语言学的角度,归纳出对很多语言来说有价值的区别性特征,如流音与非流音,持续与非持续等单位,就需要学习更为专门的音系学理论才能理解。要注意区分基于观察陈述的单位和基于理论陈述的单位。音素、音位、义素、词位多依赖于对具体语言的观察,而着眼于普遍语言价值系统的区别特征(如"通音与非通音")、语法参数(如"大代语""标句词"等),多属于理论

---

　　①方音子(diaphone)也译作跨方言音位,是一个抽象的音系单位,用来表示不同方言语系系统之间的对等关系,例如方音子/ei/(如英语mate"伙伴"中的音)可在不同方言中实现为[ei][ai]等。

　　② 生成句法术语,指用来标记一个补语性嵌套句的词,相当于传统句法学术语的"从属连词",例如:I said that she was leaving("我说她要走了")中的that。

陈述。理论陈述的单位虽然离直感比较远,但解释力更强。

有的学者①把超音段音位分成调位、量位、时位,在形态和句法方面分出形位(相当于语素)、词位(句法研究的最小单位、词法研究的主要单位)。语义方面有义位,例如,英语的/aunt/就包括[伯母、婶婶、姑姑、姨妈、舅母、大妈、阿姨]等义位。按等级有形位义位、词位义位、义组和义句、义群。按这种分法,篇章以上还可以有义旨(语篇意义)。义素不与语义结构发生关系,只有取得义位变体后才进入具体语言的语义系统。英语中[哥][弟]只有一个共同的能指义素/brʌðə/,[姐][妹]只有一个能指义素/sɪstə/,而在菲律宾他加禄语中,这四个义素术语只有一个义位。这种分法在"位"的概念使用中有所扩大,但这种注重语音、语义、句法等单位名称的系统性和一致性的做法很值得参考,可以训练我们的理论思维。

现代语言学中有"位与非位"(emic / etic)的对立,用来代表研究语言学数据的两条对立的路子。"位"的路子充分考虑各种功能关系,建立一个由抽象对立单位组成的封闭系统作为描写的基础。"emic"一词实际上是从音位(phoneme)和语素(morpheme)这些术语派生而来,"-eme"指涉及的最小区别性单位。例如,对语调如作"位"的分析,就只描写音高变化模式中那些被一种语言用来表示意义的特征。"非位"的路子是对语言的各种物理模式加以描写。例如,对音高变化的描写要细致得多,不管描写的特征是否被这种语言用来表示意义。现代语言学中还有字位学(graphemics)的术语,研究一种语言文字系统的最小对立单位。例如,字位a实现为几个字位变体A,a,α等。

"位"成分其实就是索绪尔所说的语言的价值的体现。什么是价值呢?价值是相对立而存在的,上面的"非位"和"素"侧重于物理、实体关系,"位"则体现对立的价值系统。

稍作比较就会发现,物理学、化学等其他学科的重大进步往往伴随着新的最小"单位"的发现,这些"单位"既是实体又体现关系。比如元素周期律是现代物理学重大成就,只有发现一定量的元素才有元素周期律发现的可能。当代基本粒子的研究自不待言。科学史上某学科重要基本单位及其组织发现都具有重要的方法论意义②。若深究各学科的最小单位,似乎都能发现其本质最终竟

① 叶宝奎.语言学概论.厦门大学出版社.1992.

② 桂起权、李继堂,《从门捷列夫周期律到量子理论———科学哲学案例研究》,《科学技术与辩证法》,2004年第2期.

然就是一个对立的价值系统。我们说,某个学科若能发现一个基于观察陈述的最小单位,一定是了不起的成就;一个学者若能原创性地提出一个解释力较强的理论陈述单位,也算是相当出色了。通常,如果能对前人认识的单位在一个价值系统里进行重新评估与定位,也已经很不简单了。例如,对汉语中"字"单位的重新认识①,对主语和谓语、名词和动词的重新认识②等等。在语言学领域,音位、区别性特征(包括语音和语义的)概念的提出对语言学研究产生巨大影响。

了解理论视角下语言的单位是为创新性的科学研究做准备。当下,语言学门类纷繁复杂,理论和应用研究飞速发展,一个人要想比较全面跟踪语言学研究的前沿和发展一定是艰难的,但是若用心措意基本语言单位的发现、更迭和使用或许能捕捉语言学发展的大势。例如,有人提出小称调、有人提出核心义、有人提出韵律词、有人提出字本位、有人提出话题句法成分等等,这些都是语言研究发展的风向标。我们要关注的是单位(多以概念的形式)的细微程度及其与其他单位之间的制约关系。这种关注也可以延及其他学科,跨学科观察有助于我们反思语言学的方法。2013年10月7日,诺贝尔物理学奖揭晓:比利时理论物理学家弗朗索瓦·恩格勒和英国理论物理学家彼得·希格斯因"希格斯玻色子"的理论预言获奖。是否有同学了解过"希格斯波色子"? 那为什么需要去了解呢? 不仅仅因为它被称为上帝粒子,更重要的是物理学界微观的新发现往往导致一个时代的科学思维模式的改变。据说,这种粒子竟然是质量产生的依据,由此可见,功能和实体可以相互诱发发现彼此③,这也让我们深感人工创造有利于科学发现的"环境"(高能粒子对撞机)和诸种条件的重要意义。2013年诺贝尔生理学或医学奖授予了三位解开细胞如何组织其运输系统之谜的科学家,以表彰他们发现细胞的囊泡运输调控机制。每个细胞如同一座工厂,制造和输出着各类分子,这些分子都被运输到细胞周围的、被称为囊泡的小"包裹"中。这次获奖的三位科学家解开了调控运输物在正确时间投递到细胞中正确位置的分子原理。这显示出时间中的"事件"范畴多么重要、微观自组织活动多么重要。语言学领域这种微观机制一定存在,有待我们去发掘,例如,涉及语言

---

① 徐通锵.语言论:语义型语言的结构原理和研究方法.沈阳:东北师范大学出版社.1997.

② 沈家煊.语法六讲.北京:商务印书馆.2011.

③ 历史语法中某种语法单位可能消亡(如中古汉语的助词"馨"),但功能还会存在,功能还可能造就新的单位("馨"变为方言中的"生"等)。

演化、言语发展、语言组块的自组织性等等。了解其他学科新发现的单位和功能，可以激发我们思考语言学单位的功能以及功能实现的时空、方式等条件。

只有了解最小的单位，微观机制（微程序）才有可能了解并解释以之构成的上级单位和组织，以及各种不同的"表现型"。单位越小，越容易贯通各事物、沟通各学科。例如，在原子水平就能轻易解释此前看来纷繁复杂的化学现象。所谓"以无厚入有间，恢恢乎其于游刃必有余地矣"（《庄子·养生主》）。概念不精细，不仅不能跨学科，在一个学科内部也可能处处碰壁。我们说文史哲不分家，是指当你精深理解其中一个学科的基元单位和核心问题时，探索新单位、新概念、新问题，进而约博互转，体会到理智世界概念流变、感悟到理论自足的空间，从而获得各学科共通的智识。理论上，何止文史哲不分家，武汉大学校门牌坊上的"文、法、理、工、农、医"也是不分家的。这样一来，任何一个领域出色的专家也可以说就是哲学家，杨振宁、李政道这样优秀的物理学家，也是优秀的哲学家，听听他们的专业概述式讲座就知道了。

简单举一个语言学中更小单位更具解释力的例子：

（1）class

（2）calss

（3）slac

（4）lcass

（5）lsca

判断其中（1）是单词，毫无问题；（2）是不是单词？你会犹豫；（3）有点像；（4）（5）很不像。你们很容易根据学习英语词汇得到的心理数据进行推测。有些组配虽然不是词，但可以作为潜在的词的拼写形式，有些组配很怪异，直觉会告诉你：它不可能存在。为什么不存在呢？刚才说到的音素、音位、区别特征等概念知识都解释不了这个问题。这需要对其中的音素进行更细微的分析，学者们认为这跟音素发音的响度层级有关。同样是辅音，但是响度有极大的差别。例如，鼻音[n]、流音[l]响度高可以自成音节，咝音[s]其次，清塞音[p]几乎没响度。按照响度层级来看，元音响度最大。按照人的发音周期，一个音节包含音峰、音谷，这是一个比较自然的过程。如果在一个音节里面包含两个音峰，比如一开始响度比较高，然后低了，然后再变高了，这就不是人的生理可以发出的音了。当你不知道音节内部的音素组配受响度层级制约，就解释不了上述现象。当然，音节组配并不是仅服从一个响度层级规律。

再比如嵌[l]词问题。在元朝汉语中有很多"必留不剌""急留古鲁"（类似今天的噼里啪啦、叽里咕噜的构词形式)这样的拟声词,现代方言中也比比皆是。有人统计过此类四音节模态、拟声词,或没有解释,或作简单解释,这样做是很不够的,不能达到解释的充分性。前人也观察到跨语言的拟声词也常使用流音[1],如:英语中的 click(关门声)、splash、plump(物落声),日语中的 dolo-dolo(击鼓或雷鸣,由远方传来的声音)、bali-bali(剥东西,用爪或用牙咬的声音),等等。需要解释的是,为什么语言中拟声词(其实也包括一些状态形容词等)常常出现流音呢? 这需要考虑拟声的功能特征、流音的具体属性及其所处的价值系统,还要考虑到言语产出经济性、听感明晰度等制约条件。流音恰恰最符合这些条件。流音[1]在语音学单位分类中属于无擦通音①,响度较高,既有元音特征、又有辅音特征,其舌位占据稍前优势、高低也不极端,既能维持语流顺畅,又能满足听感区别度的要求。其跨语言分布的普遍性可以从音系区别性特征系统中找到答案。现代音系学总结出若干对人类语言普遍有价值的区别性特征,包括辅音与非复音,通音性与非通音性,持续性与非持续性,边音性与非边音性等,用这些值来描述不同音位的属性。我们发现流音[1]几乎具备所有的这些特征。拟声是要模拟有节奏的现实声音,需要在基本拟声音节基础上增加一个并不负载区别意义的音节,这种扩展需要嵌入一个中性化(neutral)辅音,而具备多种特征的流音[1]自然会成为首选。笔者曾指导过研究生撰写《流音临摹的音系学解释》论文,我们把方言中所有的(据许宝华《方言大词典》)拟声(包括拟态的类似结构)材料找出来,进行统计,概括出一些有趣的共性模式。

可以说,没有现代音系学理论的发展,没有更细微的单位区分,上述流音拟声现象就不能得到满意的解释。可见分析精密的必要。再举一个较远的例子来说明:直肠癌具有易感性遗传特性,若直系亲属多患这种病,那么有血缘关系的近亲也可能在特定的年龄阶段得这种病。表面上看,一个人得了直肠癌与个人饮食习惯、养生等有关系,但要深究原因却可以追溯到家族的遗传密码上,这密码是什么? 就是最基本的单位及其组合。再比如,色盲人群有这些现象:①色盲中男性多于女性;②色盲父亲和"正常"母亲不会有色盲孩子;③"正常"父亲和色盲母亲的儿子是色盲,女儿则不是。这种现象的根本解释在于色盲是由 X 染色体中缺陷造成的,雌性有两条 X 染色体而雄性只有一条(另一条是 Y),女

---

① 无擦通音(Approximant),或叫通音,相当于按其他研究方法定义的无擦连续音,即[w][j][r][l]四音及所有的元音。这个名词是基于牵涉的发音过程,即一个发音器官向另一个发音器官靠近,而间隔变狭的程度又不足以产生听到的摩擦声。

性只在两条 X 染色体都有障碍时才能成为色盲。如果没有当代基因研究的成果，以上病症和现象的根本原因就不能得到解释。所以语言研究的水平高低和对于单位划分的精密程度是紧密联系的。

下面再举例说明我们习以为常的基本单位其实大可以讨论。

大家讨论中都提到的音素，这似乎是个确定不移的概念。石锋（1990:12）中提出音子的概念：

> 音子是人类借助实验仪器所认识的语音成分。音子既可以作为音位的成员，又可以作为音素的成员。音子一般是在具体语言中测定的，因此，音子和音位的联系更直接。如果说音素是人耳朵能够区分的音位变体，那么音子就是用仪器测知的音位变体。音子是语音的物理表现，每一个音子都是可以测定的。音子的数量是无限的，然而它是有界的。

虽然一般语言学教科书中乃至语音学教程中很少有人提这个概念，但它的实用性还是很强的。脍不厌细，精细的单位能满足更多的胃口。可惜这本书没标注这个术语的英文（没有的话也可以创）。语音学的学术术语没有英文，似乎不可想象。我们看到，沈家煊翻译的《现代语言学词典》[①]中将"phone"译为"音子"（就是我们教科书讲的音素），指"在连续语流中感知的最小的离散的音段，是音位的物理实现。"《语言学和音系学词典》译为音子、音素，指"一个只着眼其语音性质，而不管它可能的音系地位的语音音段"。音子、音素本来是混用的，需不需要加上区别性意义提出一种音子概念？可以的，有这个必要。石锋提出的这个单位是自成体系的。

我们讨论过语素——最小的语法单位。大家学过语言学概论，区分音位和语素似乎很简单，音位是区别意义的最小语音单位，语素是最小的音义结合体。仔细阅读布龙菲尔德《语言学》，再仔细思考，你就会觉得问题不那么简单。比如，"你去。"和"你去?"，语调的差异是二者最小的区分，这种差异在布龙菲尔德那里可以视为一种音位。它区别了意义，负载意义吗？当然负载。它难道不是最小的音义结合体吗？音是音高差别，义是表陈述和疑问。布龙菲尔德那里英文中的表复数、名动一致关系的[s]可以作为语素看待，你可能会疑惑一个辅音

---

① 克里斯特尔.沈家煊译.现代语言学词典.北京:商务印书馆.2000.

能不能算得上是语素？查查《现代语言学词典》，上面说语素是个抽象单位，它可能会有比较一致的音系形式。经常这样去思考，才能去做创新性工作。吕叔湘《语言和语言学》一文说："语调、轻重音以及其他语音变化也都能表示语法意义，所以不仅是语音学的对象……也是语法学的对象即语素"。高更生等人的超语段语素论对布龙菲尔德的次音位说和霍凯特的超片段语素论既有所继承，又有所发展。他们把汉语的语素区分为语段语素和超语段语素。超语段语素是指那些"不作为整个词或词的构成成分而出现的语素"①，包括句调语素、重音语素、停顿语素。

杨锡彭《汉语语素论》也提出新讨论，认为确定语素有两个条件："一是以语素的形式，以大致相同的意义出现在其他的复合形式之中，二是不能进一步地切分为更小的语音、语义形式。"②什么是"以大致相同的意义出现在其他的复合形式之中"呢？例如，"国家"这个词，"家"这个词是有意思的，但是这里的"家"和其他词汇中的"家"不是一回事。"家"以不同的意义形式出现在其他复合形式当中。该书认为"家"是一个剩余成分。该书将语素的定义修改为"最小的显示意义的单位"，具体分为表意语素和别意语素。如果分为别意语素是有问题的，在布龙菲尔德的理论中，尤其是在"音位"和"语素"两个地方特别模糊。我们如果不把语素作为名词来讲，按照描写主义的观点：什么是语素，最小的能够区别意义的语音形式，这种语音形式在句子层面，是以停顿为标记的。句子末尾的语调，会确定句子的语义功能类型，也可以是语素。语素是什么？这是可以讨论的。什么是剩余成分？"俄罗斯、美利坚"这两个词中，"俄"是有意义的，"罗斯"是什么？"利坚"是什么？是表意成分还是别意成分呢？这本书认为"罗斯"和"利坚"不是剩余成分，是剩余音节。如果把这些放在一起，自成体系就可以进行进一步的讨论。在单位层面展开讨论是比较难的。

目前可知的语言单位，有从语音、语义等层面划分的，还有音义层面划分的，如果是书面语和手势语还有另外的一套体系。以后思考这类问题有几个要点需要注意：首先一定要考虑到最小单位，不同的层次就有不同的最小单位。每一种最小单位都谈到特征，但是特征是不是一定是最小单位呢（理论陈述单位）？特征可以多角度划分。还要注意这些单位要互补，是在一个体系里面，不是零散的。

---

① 高更生等.汉语教学语法研究.北京：语文出版社.1996.
② 杨锡彭.汉语语素论.南京：南京大学出版社.2003.

再以语音为例,了解语音知识的人都知道语音特征很重要。如果现在大家暂时把其他的思虑抛开、把笔记抛开,只是静静听一个人说话,且能够理解这个人说的话,也就是说进行解码没有问题,那可以发现语言中真正重要的东西是什么了,就是你能够感知的音,完全解读出来的音流。最小的音是什么?我们能够感知音的四种特征,包括音质、音高、音长、音强。哪个对解码更重要?哪个对习得更重要?这需要更细微、更综合的研究。语音学家许毅在一次演讲中谈到关于儿童能够识别每个人相差很大的音频的能力。婴幼儿接触的语音数据是简单的输入,输入量达到临界值,幼儿就能捕捉其中稳定变化的模式。在儿童语言习得计算模式中,音长(声调音高模式也可以简化为音长问题)是很重要的。如果时间参数能够得到很好的控制,所有重要的语言习得问题都可以归为频率和节奏问题。声音有稳定的节奏和模式。不管声音是高低,还是强弱,但是输入大脑之后,儿童大脑就会动用本能的运算机制进行运算,加之哺育对话等互动行为,意义就会从中浮现出来。这种机制可以采用复杂系统理论解释。米歇尔·沃尔德罗普《复杂》是这个理论的入门书。这种理论能解释智能是如何产生的。书中使用了一些专业术语,比如自我催化,即:一个很简单的操作机制,不停地运行,当到了临界点的时候,智能就出现了,中间没有什么神奇的外力,只是自主的力量。语言习得过程中对语音模式的识别、对语音和意义结合的解码与编码能力与复杂系统的形成机制密切关联。

如果只从语音角度看,所有的语言问题都可以变成语音问题,或是直接、或是间接的关系。语言有语音、有语义、有音义,研究其一就能折射其他。可以综合研究,也可以分开来研究。可以从语音开始,音步、韵律词、韵律短语、韵律句再到语篇联结等,所有的语言问题都可以通过语音角度来看,如果愿意,则可以结合句法、语义之类研究,不是一定要多维结合的研究。如果从语义出发,也可以延及所有语言问题。研究语义形式系统(纯粹的关系与模式)大致属于语言学家的任务,研究语义与现实、逻辑语义大致属于哲学语义学家的任务。如果把音义结合起来观察,这就是最典型的语言学研究。最小的语音单位里面,在音节层、音节组配方面有大量的空间可做。近年来,句法和韵律结合的研究越来越受到重视(如沈家煊、冯胜利等人的研究及其指导的博士论文)。研究认为,汉语里面分成单音节和双音节,比单纯词和合成词的区分意义都大。比如说,"2+1"和"1+2"这种结构,动宾结构就倾向于"1+2",偏正结构倾向于"2+1",例如"租汽车"和"出租车"。音节组配对句法结构的选择和制约还有很多例子,暂时就不讲了。

汉语韵律模式具有类型学意义,对其发生发展的研究还很不足。汉语早期的诗,据《吕氏春秋》记载是两个字的:"断竹,续竹,飞土,逐宍"(《弹歌》),在《诗经》时代定型可见是四字节律为主。无论上古汉语音韵结构构拟出什么样的复辅音、多音节,恐怕难以否定四音节诗歌的基本节律。早期诗歌的双字化、四字化与早期汉语的单音节性是可以互为佐证的。上古诗歌的四字形式、四音节节律,到战国韵文,到西汉大赋,到东汉佛经的四字翻译体,到中古的四六文,到清代八股文,再到民间的对联,这种节律性特性是汉语单双音节的基因型诱导使然。其中不少演化细节尚待研究。汉语至今仍是这样,以双音节音步为基础的四音节组句倾向性非常明显。例如,《成语连用词典》收录了很多"临危不惧,视死如归"这样的连用成语。如何看待这个现象?这不是一般的修辞问题、对称问题,是汉语内在节律诱导造句的结果,而不是语义谋篇的结果。首先,汉语经验让你选择一个四音节来表达,选择四音节后,后面通常还要一个四音节来陪衬,至于语义相反、相对或是相承都可以。可以对这个词典进行词义之间关系的分析,也可以进行语音上的分析。它能够反映出语篇在节律方面一些很本质的东西。实际上这种连用是一种表现型,内在有一种节律基因。这也触及构式语法的核心理论陈述。很多构式是属于节律的,西方的语法学分析往往看不清楚,构式就是构式,两个成语在一起就是语言内在的一种节律,导致这样一种外在的形式。

今天,功能语言学家发现在篇章层面存在一种语义衔接和贯连,但汉语篇章中普遍存在的韵律联结模式没有得到广泛注意。明清盛行的八股文除了语义贯连,还有非常强的语音贯连,其结构是仰赖于韵律连接与延展的(参见张延成2005《〈文心雕龙〉的语音模式联接观》)。

节律学研究经常使用的单位是莫拉(mora,Hyman 1985年的《音系权重理论》有经典的论述)。汉语中的"fa"和"fan",它们的时间是一样的,都是1莫拉,但是在日语中可能是2莫拉。有些语言中加上辅音会有2莫拉的单位。有的一个音节是1莫拉,有的一个音节是2莫拉。1莫拉的语言被称为单莫拉音节语言,2莫拉的语言被称为双莫拉音节语言。有些语言中的长元音可能就是2莫拉的,短元音就是1莫拉的。这是从音节层面划分的节律最小的单位。这种单位可以看到,音节首永远是1莫拉的,但是韵核和音节尾有可能是2莫拉的。

不少音系学书和韵律句法书(如吴洁敏2001、冯胜利2002、王洪君2008等)中谈及"2+1"结构和"1+2"结构。有的是从音节开始的,有的是从莫拉开始的。莫拉上层是音节,音节上层是音步,音步上层是韵律词,韵律词上面是韵律短语,韵律短语上面是语调短语,语调短语上面是话语。可见,完全可以通过音对语言进行完整的解析。有同学提出法位,法位不是一个共识通用单位,是一个法位学派专用的,其法位是很专门的单位。从结构主义以来,我们一直使用的就是语素。按照布龙菲尔德的说法,是最小的语音、语义的结合体,形态学对此的关注是最多的。还有就是词。我们平时并没有充分注意词这个单位的复杂性,这个单位在现代语言学中通常用 lexeme 指称,称为词位,因为有的语言学家用它来指语言语义系统最小的区别性单位。最初是想消除词这个名称的歧义。有一些词存在一些语法变体,比如说"walk",一会儿是"walks",一会儿是"walking",再例如,"big""bigger""biggest",这些是一个词,还是几个词呢?如果有词位的概念,就基底形式 walk 和 big 算词位,其他是词位变体。

语义单位可以使用语义基元。语义是非常复杂的系统,沈家煊译的《现代语言学词典》对于语义的最小单位都有不同的说法。语义研究中有很多混杂,问题比较多,是最麻烦的。如果需要进行语义研究,可以先看看利奇的《语义学》,虽然出版时间较早。现在有一些语义学的书,一定会把逻辑语义学和逻辑语用学塞进来,利奇的书就好在它本身就是语言内部形式化的语义。语言中有一个很经典的讨论,涉及赵元任提出的"型"(type)与"例"(token),语义学也要研究语义中的"型"(type)。为什么在这里提出这个概念呢?因为在这个地方容易走错路,走错到一条不是那么本体的语言研究之路。比如说,研究《说文解字》,你不关注音义系统,你特别迷恋"牛部""马部"的文化就偏了。研究的重点是"型","型"是模式,例如,三音节的"2+1"与"1+2"的音节的语义组合存在着韵律层面的松紧匹配问题。孟凯(2016)发现"1+2"动宾式三音词语则体现出韵律压制促使结构和内部语义先后顺应的连锁式界面调适。"例"是具体的,比如以前的语法书中说的"打球""踢球",其中的"球"都是不一样的。我们不研究"球"是不一样的,而是研究它的语言模式是一样的(比如说都是动宾结构)。赵元任用《孟子》里面的例子,喊老头"叟",此时此地,这就是一个很具体的人和事。如果需要研究在上下文中反复出现的模式,这就是"型"的一种。再比如同样是"春秋三传",《左传》记载史实多,偏重于"例",这是历史学家比较喜欢的。历史学家大都不喜欢《公羊传》和《谷梁传》,因为这两本书的解释偏重于"型"、一些语言组合之"理"。如《春秋》僖公十六年记载:"春,王正月戊申朔,陨石于宋五。是月,六鹢退飞,过宋都。"《公羊传》说:"曷为先言陨而后言石?陨石,记闻。闻其磌然,视之则石,察之则五。……曷为先言六而后言鹢?六鹢退飞,记见也。视之则六,察之则鹢,徐而察之,则退飞。""记闻"先听到声先记声,"记见"先记能看到的六个点,这里解释了《春秋》的"五石、六鹢之辞"是以人的认识的程序为依据的,所以《公羊传》这样的书深受语法学史、认知语言学学者们的青睐。

"例"的研究会与出现的大量非语言学问题交叉。例如,稍不注意就可能把颜色词的语言学研究变成文化研究。颜色词"型"的研究可以这样做,把《方言大词典》《汉语大词典》中所有的颜色词挑出来做一个数据库,再统计分析其中模式和规律。例如,哪种颜色构词量最多?为什么?我们发现"灰"色构词量最多。灰色是中性词,在方言中除了组成颜色系列,还可形容某种模糊状态。最好的研究就是发现颜色词中有一种蕴含关系或模式,这种就是"型"的研究。"Berlin & Kay假说"发现基本颜色词的等级序列:白/黑>红>绿/黄>蓝>褐>橙/紫/灰/粉红。也就是说,某个语言若有最少的颜色词,就是"白/黑"了,如果再有就是"红",再有就是"绿/黄"等;反过来,如果某种语言连"蓝"的颜色词都有了,那么上面蕴含等级左边的颜色词必然也有。这就是规律、这就是"型",这才是真正的语言研究。看看利奇的《语义学》就可以知道,语义关联是一种什么样的模式。看 WordNet 就可以知道,应该把词分层地组合在一起,上下义、左右义、反义、同义,通过很有限的语义关系,把一个语言中所有的词网状地连接在一起。词汇中的研究也是一样的,比如,我们研究语义场,这是"型"的研究。如果研究具体词义的引申、变化,也是可以的,但是比较低级。高端就是预测出很多的模式,能够进行总结。语义学研究很容易走偏,不留心就可能跑到哲学、文化学领域去了。现在有人提出特别泛化的语用学,出现形式语用学就是一种"语言学"的回归。还有认知语用学,包括言语行为的模式化研究。看利奇的《语义学》会对"型"的东西特别敏感。

认知语义学家Talmy根据词汇化模式提出动词框架语言和卫星语速框架语言就依赖于独特的基本语义单位划分。Talmy假定意义和表层表达的都可以独立分割,意义包括[运动][路径][焦点][背景][方式][使因]等独立的语义元素,有了这些基本的单位就可以考察它们与表层元素的制约关系。

在词汇研究方面,像"《世说新语》词汇研究""莎士比亚词汇研究""近代日源科技词汇研究"之类就是典型的 token 研究。在做方言调查的时候,会有人研究气候词汇、宗教词汇等,都是"例"的研究。还有一种把词汇调查名物和语法调查的"名词"混淆。目前这种研究已经通行了,但是这种模式不一定是好的,很可能一开始就走偏了。这种调查方式从操作上很容易去做,但是从现在学者关注的抢救性调查来看,就需要语言学理论的指导。理论准备不够时,最好的方式是尽可能对方言进行全部的记录或录音录像,这对后期词汇词类的研究大有助益。方言特征词和特征词方言地图的研究是很"语言学"性的。选择什么样的特征词需要很综合的知识才能判断，要特别小心。有些方言学大家也容易搞错。例如，有人把分布极广的"桯"判定为吴语的特征词，但这个字在江淮官话、中原官话等方言区都普遍使用，没有太大的区分度。

语义场也是很值得研究的。为什么要讲"型"？因为语义场是一个系统，系统之间相互关联制约。语义场要选择一个战略性的，比如，选择研究"胡须"的语义场，就不具有战略性，因为它的语义演化不具有系统的连续制性，但是，如果研究肢体类的则不然。股、臀、腿、胫、脚、小腿、足、趾等，往往一个词有语义变动，其他词都会跟着调整。通过这种变化研究一个语义场，就不是单个的"例"的研究，而是"型"的变动历史了。这就比较像语言学研究，否则就做得不像语言学研究。有一些对象天生就属于本体语言学研究，比如说音韵研究，怎么做都是语言学的。还有一种研究是音义结合在一起的，就是章太炎所说的求语根。就是音不离开义，义不离开音来进行讨论。语音可以纯讲语音，语义也可以纯讲语义。讲语义的时候我们说了，语义研究有可能会走偏。讲音义是要结合在一起讲的。例如，北京师范大学黄易青写的《上古汉语同源词意义系统研究》，这种意义就是语言作为适应性复杂系统在和外界互动中产生的意义，对其进行层级分类也属语言本体的意义研究。

语篇的单位是需要讲的。为什么一定要讲语篇呢？是因为相关的深入研究成果较少，研究空间较大。语篇的最小单位是什么？看起来是句子，张伯江和方梅编著的《汉语功能语法研究》认为篇章单位和句法单位是不一样的，在篇章层面操作的，按句子内部成分分析就显得滑稽，例如：

(1)我这舞跳得也够灰心的。
(2)我的舞跳得也够灰心的。
(3)我跳舞跳得也够灰心的。
(4)我舞跳得也够灰心的。

上一组句子中句法结构相差很大：偏正的、主谓的，但是仔细看是一个意思。这些句子是在语篇层面上操作的，只有在篇章层面才能解释它，否则的话就不好解释。篇章单位和句法单位是不一样的。比如下面一组句子：

(1)我吧，从小就羡慕一种职业……

（2）我从小吧，就羡慕一种职业……

（3）从小吧，我就羡慕一种职业……

（4）从小我吧，就羡慕一种职业……

（5）我从小就吧，羡慕一种职业……

　　语篇操作是上位操作，总是可以动用、支配下位的，如果在语篇进行操作，再站在句子层面来看，就会觉得很滑稽了——系统就不一样了。在小的层面来研究大的组织就不够，这里面有东西可以以后讨论。就从复杂系统来说，不同层次之间具有不可还原性。有的时候在这个层面运作的规律是不能放到下一层面去的。所以对于语篇这个层面我们的关注度是不够的。

　　思考一下这样一个问题：如果从语言内部分出来的单位，和神经、认知交互的单位建立联系，也可以获得别有洞天的"单位"。例如研究大脑范畴特异性残缺。失语症或其他一些病症的大脑会对某一类词有选择性的障碍。例如，对动态的和非动态的、食品类和非食品类存在选择性残缺。比如说我能够认识吃的，和吃的东西无关的都不能认知了。动态的可以优先识别，不动的就把它遗漏了。有的患者不能说出蔬菜、家具类的词汇等等。大脑的这种功能性残缺，可以提示我们大脑中词汇和语义表征的某些系统性特点，能让我们重新审视实词分类和虚词类型的神经基础，有助于丰富我们生物语言学的理论实践，甚至修补我们对于句法理论中词库性质的认知。

【讨论摘录】

　　问：莫拉到底是怎么判定的？

　　答：本来以为是一个非常严谨的语音学单位，看起来可以运算。实际上是相对而存在的，是一个价值性的单位。有的语言中的"fa"和"fan"发音时长是一样的，有的很可能就把后面的鼻音延长了，相对而存在，就变成了2莫拉。这种理论认为音长最多是2莫拉，极少数是3莫拉。

　　汉语中莫拉（mora）可以作为标示韵母长短的单位，长韵母有2个莫拉，短韵母有1个莫拉。像[mai][tian]这样双元音和有介音的都占2个音的位置，叫长音节或重音节，有2个莫拉。而[na]这样的音节韵母只有1个短元音，叫短音节或轻音节。这样可以区分音节拍和莫拉拍的不同，便于更细致地描写语言的节律。比如，"头"[t'ou]这样的音节是重音节，2个莫拉，而在"木头"一词中读轻声[t'o]，就是1个莫拉了。

问：2莫拉和1莫拉之间是怎么算的？

答：相对而存在的。比如说有些长元音，例如，"sit"中的[i：]，同样音长的音节就可以算作2莫拉。短元音[i]就是1莫拉。

问：莫拉和音长有什么关系呢？

答：这是某一类音系学家用的，比如说音长，如果长，却不知道长多少，不知道如何切割，有莫拉就好办了。长的音节被阐释为短成分的重复或短成分排列方式，这种阐释对以莫拉而不以音节为最小韵律单位的语言而言，音系分析上更恰当、更精确。

学人一般认同两个音步同长类型是重音节拍和音节节拍，不过在日语中据说莫拉才是同长单位。实验语音学研究已经证实：音步同长与其说是一种物理现实，不如说是一种倾向，一种听话人的感觉或心理现实。

思考题

1.如何区分基于观察陈述的单位和基于理论陈述的单位？

2.查找比较某些著名语言学家关于语言单位划分的术语。

3.关于语义最小单位有什么不同的观点？

第四讲　语料类型

　　"巧妇难为无米之炊",语料是语言学研究的基石。不同的语言学理论、不同的研究目标和方法,对语料的抉择有较大差异。语料有生有熟(标注和未标注的),有原生和次生、口语和书面语,有历时和共时等差异。不管哪种语料,其真实性、口语性是最核心的。这一讲主要举例说明语料采集的类型与方法。

　　先从一个例子说起。"不"在《说文解字》中的解释是"鸟飞上翔不下来也",而现代古文字专家、训诂家根据"不"字的甲骨文、金文等古文字字形认为其本义应该是"花萼",一般古汉语教科书就采用了这种观点,但支撑这种观点的例子却比较少。研究比较词义的专家黄树先教授说这个"不"是后世"杯"的初文,从声符示源的角度看,这样的例子比比皆是,没什么问题。但从一般的语义知识看,表"不"的两个解释和杯子哪能扯上关系呢? 黄教授查了法语、德语、西班牙语、罗马尼亚语等,发现很多语言中"萼"和杯子都有引申关系,用"萼"指称杯子是普遍的现象。这样我们就能推断,关于《说文解字》中"不"的花萼的解释或许是合理的,"鸟飞上翔不下来也"可能是牵强附会。德语、法语是现代的、外国的语料,《说文解字》是汉朝的古代语料,这些看起来挨不上边的材料却能说明同一种语言问题。你没想到德语对汉语训诂学是有帮助的,这就是人类认知的共性在其中起了作用,你了解这种认知的共性就能达到一通百通。可见语料多么重要,正确的语料观多么重要。

　　研究语言,首先靠观察语料,而语料主要来自听、来自看。现在大家都知道语言学的田野调查(field work)主要是采集语料,在美国描写主义那里,这种方法被运用到极致，取得辉煌成就。可以仿照田野调查，提出一个"书野"调查（泛指在文献中考索）。"田野"很厉害，是推动语言研究的动力所在，但"书野"也并不那么简单，不夸张地说两者可以达到并驾齐驱的地步。田野调查往往需要前期的"书野"调查和规划，过去的"田野"可能是今天的"书野"；"书野"调查既可以为自己也可以为田野调查服务，"书野"可以帮助我们认识过去的"田野"，"书野"也可以转化为"田野"。例如，汉语史上古代的《越人歌》《白狼歌》、西夏文的破译与现代泰语、羌语的田野调查相互论证推动了侗台语族、藏缅语族的研究进程。这几年文献语言学研究俨然成为新锐的学派并有自己的发表阵地。

1. 先谈谈"书野"

"书野"按照时间分有古今，按照地域分有中外。古今里面也有中外，中外里面也有古今。按照语料的性质，可以分成生和熟——生语料和熟语料；按照语言习得与学习分，可以分为母语和二语。这样一分就不得了了，本教材如此编排的目的就是让大家不要太局限于自己习惯面对的语料。我们可能不去研究某一类语料，但对语料整体应有一个大致的了解。需要注意的是，我们经常讲语料，有的人可能搞着搞着就忘记了真实语料的价值。

（1）古与今

我们先从古代的语料说起。我们传统的经史子集，从语言学研究角度看，都是语料。搞汉语史的，经书是肯定要读的。经书，比如说上古的《尚书》《论语》，这些都是很口语化的，尤其是《论语》。比如说《尚书》，它并不单单是一个政治文献的汇编，其中有很口语化的成分，只不过因为太古老显得佶屈聱牙，其口语性今天已经不明显了。我们从《书经》里面许多的发语词就能推测其口语色彩。史书中《史记》有很强的口语性，司马迁用汉代汉语翻译《尚书》能让我们明显感到语言的发展变化。《汉书》里面也有很强的口语成分，尤其是记载廷对中大臣双方关于是否要出击匈奴的辩论，那些话你来我往，反复辩难，针锋相对，字挟风霜，是难得的语史研究材料。我们研究历时，是为了研究历时中活的语言。历史上专门记录当时口语的材料十分珍贵。汉代扬雄的《方言》就是一个代表。更早的时期是"輶轩使者"到各地采集方言俗语，其材料现在也见不到了。扬雄的调查方法是跟严君平学的。据说严君平手中有从周秦石室（皇家图书馆）中保留的从各地采集的部分资料，扬雄在此基础上进行续补，使我们得以了解汉代乃至更早时期的汉语方言的分布概况。《方言》的编写过程也很好地说明了"书野"调查和田野调查结合的重要性。

古代语料包括传世文献和出土文献两大块。我们先讲传世文献。语言学方向的研究生无论是否研究汉语史都要知道这一点，否则容易闹出笑话。例如，有人"顾名思义"，把《宋书》看作是宋朝的语料；把《南史》《北史》《晋书》这些看作是六朝的语料。但其实研究六朝汉语，并不能把这些当作重要语料，因为它们是唐朝人编写的。同样道理，《南齐书》能用，《北齐书》就最好不用。不是说绝对不用，隔期语料也是可以作为参考的，只是要小心甄别。《晋书》《隋书》等虽然也是唐朝人编的，但通过审慎抉择，有些例子也是可以用的。这一时期朝代都很短，更迭频繁，某个人做官做到老，可以经历四个朝代，其间也就相差个几十年，所以隋唐人编的材料也可以用来说明六朝的某些语言问题，但是唐朝人编的史料，不能硬说是六朝语料，是要经过鉴别的。

材料本身可以罗列很长的篇幅，讲汉语史通论的时候一定会首先专门讲语料。这种语料一定要求口语性比较强。

汪维辉提出来要分区典型语料和非典型语料，这个对鉴定语言时间很重要。比如六朝时期有一篇俗赋叫作《奏弹刘整》，描述一个家奴和主人订立协约的完整过程。里面有很多鲜活的口语，这是黄侃注意到的。这篇文章在《文选》里面没有多少人注解，不是因为难，而是编书者认为这些土话不值得注解。这篇语料，口语性质突出、时间确定，应属于这一时期典型材料。在这种典型语料中，某些常用词出现的年代、某种句法的年代，都可以得到确认，不必要经过大量统计后再确认。有的时候典型材料只有一例就能说明问题。所以，做语言史研究一定要注意挖掘典型材料。

"经史子集"，子里面的《庄子》，口语性非常强，句子很活泼，语法多变，是研究上古汉语的重要材料。对古书的语料性质和研究价值，必须亲自去读才能感觉到。例如，《抱朴子》一书中，句子比较长，与前代子书的句子很不一样。可见，中古人的思维更加缜密了，当然也可以说是葛洪的思维比较缜密，或者说是中古的句式更适应于表达精妙的思想了，这种长句子就适合做复句研究。再比如东汉时期，我们有《汉书》《论衡》等，后者口语性更强，语言形式更多样。有一些不太知名的书，比如《太平经》，属于道家早期文献，最近很受重视，口语性也很强。道家文献、东汉的佛典(约29篇)，是研究东汉语言的重要语料。如果研究东汉的语言没用到佛经，那么对该期的语言面貌概括肯定就不够。研究东汉的语法还可以用注疏材料，如《孟子》的赵歧注等。

这一段时间,经书注解的材料越来越受重视。注解,是注给当时人看的,所以一定会用那个时代的口语,因此口语性比较强。利用这类注疏研究语法和语法史很重要。孙良明写的《中国语法学史》几乎所有语料都来自注疏。这类书很多,如徐望驾的《〈论语义疏〉语言研究》。《论语义疏》是南朝梁知名经学家皇侃所写。皇侃的注疏内容非常丰富。据徐望驾统计:"仅从数量上统计,东汉郑玄一家注释语料有30万~40万字,我们初步统计皇侃注疏的总计字数约20万字,除去经文、注释语言,也接近18万字,注释语言与经文之比高达100∶16。"关于注疏语料,还有毛亨的《笺》《三礼注》,赵岐的《孟子章句》,王逸的《楚辞章句》,何晏的《论语集解》,王弼的《老子注》,韩康伯的《周易系辞注》,杜预的《左传注》,范宁的《谷梁传注》,郭璞《尔雅注》,郭象的《庄子注》,张湛的《列子注》,等等。

学汉语史的人都知道,中古佛经语料比较好,当然还有上述注释语料。佛典语料原来在语法史研究中不被重视,怕有不纯的外来因素。后来逐步形成热门,汉译佛典和梵汉对勘,都渐渐形成强劲的研究态势。蒋绍愚、胡敕瑞(2013)《汉译佛典语法研究论集》集中反映了相关成果。隋唐以后佛经翻译材料的口语性总体上已经不太强了,除了毗尼藏律宗。律宗典籍就是规范和尚言行的,规定僧众什么能做什么不能做。佛教制戒开始时根据僧徒所犯,随犯随制,属随缘制戒。因为它涉及日常生活各种很细小的规范,所以它那里面有很鲜活的词汇、语法材料。唐宋本土的禅宗语料口语性也很强。

还有我们平时都知道的——唐诗,宋词,元朝的杂剧、散曲明清小说。元朝口语性最强的是《白话碑》,类似的还有法律文书《元典章》等。明朝冯梦龙编的《山歌》,如今看来简直就是口语直接誊录下来的。明清以后科技书和传教士文献的语言研究都不充分。

关于出土文献。出土文献更容易确定时代,因而有人称之为同时语料,用于历时研究更有说服力。出土语料对研究文字的帮助是最直接的,对于音韵学、训诂学、语法史研究帮助都很大。甲骨文、金文就不用说了,对这些材料进行的词汇语法研究已经很充分了。楚国楚简文字总量是最多的,还在不停地出土。对于楚简文献可以做一个虚词词典,学术性价值应该很高。秦以前的有人在做,比如金文虚词、甲骨文虚词,楚地简帛虚词词典是迫切需要的。训诂和楚简帛整理领域的专家不重视虚词,但是那里面问题很多,感兴趣的可以做一下。《里耶秦简》记录的是秦朝法律文书,对其语言进行综合研究的成果不多。汉朝有《五十二病方》,是最早的医书,作为语料比较合适。居延汉简的虚词有专书研究,很值得关注。汉简文献是一类数量比较多的语料。就出土文献而言,敦煌材料放在里面可以算是广义的。吐鲁番出土文书是比较典型的,里面很多是经济文书,虽然有文体上的限制,但是语言的口语性比较强,研究也比较热,但良莠不齐。德国学界长期专心研究吐鲁番文书,持续分册编撰出版相关词典,成绩斐然。

说到"今",首先想到的就是国家通用语言文字和方言。但本节是"书野"的讨论,所以首先应该想到的是典范的白话文文学作品、各地的方言文字作品、民族语文学作品等等。我有一次去恩施,在路边看到一本《恩施土家族故事》,厚厚的,上下两册,很便宜。翻一下就能觉察其中扑面而来的新鲜用词、用语乃至奇怪的方言。这可以拿来作为土家语和汉语接触、作为鄂西北方言研究的语料之一。有些地方很注意编辑印刷发行当地的语言风俗读本,例如,湖北神农架林区有当地文化人编辑印刷发行的《民间器物与民间风俗》《神农架花锣鼓》《神农架阳锣鼓》《神农架夜锣鼓》《神农架民间歌曲》《神农架草药高氏祖传秘方》等,都是方言调查难得的语料来源。这就是重视"书野"调查。

通过"书野"可以研究"田野"。像马学良,是做彝语研究的著名民族语文工作者,他曾克服困难,走村串户大量地寻访、收集彝文文献,这对彝语研究帮助很大。例如,彝文中有一类"指路经",是很冗长的民歌,是给亡灵指路的,讲述要经过许多地方,包含大量的语言文化信息。我曾翻过果吉宁哈编的《彝文指路经译集》,发现其中亲属称谓"阿"词头丰富,此类材料对语言类型学研究很有帮助。用民间方言、民族语言编写各类文献材料越来越少,越来越珍贵。很多人都记得小时候村子里有唱戏班子,戏班子的那个底本就是非常新鲜的方言语料。看过民间小戏子的人都知道,这些演员话说得很俗、很村,而对语言研究来说,这种俗话正是最有价值的。有些图书馆收藏了明清戏班子、草台班子的剧本,可以去查阅。这些文本看起来是"书野",实际上都和活的语言密切相关。明清时期,出了大量方言笔记的著作,也是极好的材料。还有人编写日常用语、用字学习手册,为我们研究口语提供了帮助。清朝蒲松龄就编了一本《日用俗字》,是用韵文形式,婉转道来,口语性非常强,很值得学习。例如,"金华火腿尤清素,高邮变蛋不馤咸","馤咸"还活在很多现代汉语方言中。

"书野"调查的深度往往昭示田野调查的程度,这两者是共通的。当调查到一定程度就能发现,书里面存在足够多活的东西,远远超过研究前的预期。即使坐在家里,也能发现活的语言。而且有的时候只有把"书野"挖掘得足够深,才能发现"田野"的新现象,否则田野调查就可能没效率或遭遇挫折。因为有的词你不知道别人说没说过,有可能有些别人都调查过了,你却以为是新鲜的。比如,中原官话中有个"拌"字,意思是把东西扔掉,《说文解字》中就有𨤏("所以推粪之器也",意谓废弃不用,扔了)。这种"书野"调查古人早做过了,方以智的《通雅》对我们考证俗语言、考证方言中的词大有裨益。另外还有一点,不管是进行语法调查,还是语音调查,都需要把这些资料整理好,然后带着问题去调查,这个音到底有没有。因为大部分方言研究到今天,都有一个框架。能不能发现新的音,能不能给新的解释,是很重要的。

"书野"调查很重要,同时需要有理论、有书面调查的材料,才能做好田野调查工作。我们去神农架搞特征词调查,就在神农架及周边方言"书野"材料基础上,设计特征词调查表。当然也可以直接通过第一线调查归纳特征词表,但这样效率就不高了。这两者要结合起来,有方案可以快速开展工作,也可以根据具体情况再调整。有一次,我们预先知道这个地区管苍蝇叫蚊子,所以觉得没必要细究。调查的时候却发现有绿蚊子(在厕所这些脏地方的),还有饭蚊子(在食堂、餐桌这些干净地方的,外形比较小)。在神农架吃饭的时候,有个当地人被苍蝇叮了一下,我顺便把它拍了下来,她说这个就叫饭蚊子。饭蚊子看起来不是那么恶心,厕所里面绿头蚊子看起来很可怕,体格和眼睛很大。你预先可能准备10个有特点的调查词,最终或许只有5~6个有特点。

(2)中与外

当然中外中有古今,古今中也有中外。从方法论角度看,中外甚至都不必看作"中国"和"外国",任何国家对本国语料和外国语料联合起来运用都重视的方法也是一种"中外"观。我国今天版图上的东西南北都有当时属于"外国"的语言文字,与它们对比研究也是一种"中外"。我们讲"中外"主要是着眼于语言普遍规律的发掘,需要拓展语料运用的眼界。

比如说"罗塞塔石碑",是在埃及境内出土的,现藏于大英博物馆,它上面刻有三种碑文,一种是古埃及象形文字,一种是古埃及俗体字,还有一种是希腊文(当时希腊已经统治埃及了)。彼时对于古埃及很多信息是不知道的,古埃及到公元4世纪的时候很多东西就丢了。最早有个英国物理学家托马斯·杨,他先用希腊语来对比,发现其中反复出现一个叫托勒密的人名,这样就解读了一部分俗体字字母和一小部分的象形文字。后来法国语言学家商博良借助在巴黎的科普特教堂学到的科普特语①,通过对罗塞塔石碑的线索分析得出科普特语和更早的古埃及文的对应关系,在得到字母表之后,又整理出表意符号,对古埃及文有了系统的把握,从而破解了这本天书。后来很多埃及古代的东西都可以解读了。这个例子很好地说明"今""古"多层次符号信息系统冗余式保留的重要意义。我们应该更加重视我们书面文献和大量的出土文献对于语言史和文明传承研究的重要价值。

唐穆宗长庆元年唐朝和吐蕃双方派使节,先在唐京师长安盟誓,次年又在吐蕃逻些(拉萨)重盟。长庆三年,用汉藏两种文字将盟文刻石立碑,称作"唐蕃会盟碑"。会盟碑北面刻有唐朝官员的职衔与姓名;南面刻有吐蕃官员的职衔与姓名;西面刻有会盟的内容,均为汉藏文对照。李方桂虽然是田野调查的大家,但很能认知到这份文字材料的价值。他对碑文做了详尽地比勘,发现很多古代语言的信息。例如,通过其中叫"乞力热摊东"的名字来对音,发现古藏语有b、m韵尾,而今天的藏语里面是没有这个发音的,也让我们发现汉语中当时有这类音,今天已经没有了。大家可以想一想,他这个工作是研究出土材料,也是广义的"书野"调查研究,但对于研究和解释今天的藏语、汉语乃至汉藏语系发展演化规律都是很有作用的。

"中外",这两个可以结合起来。比如刚才说的"不",这个"不"和花萼的关系,外国的语料拿过来论证不是有很好的解释吗?伍铁平写了一本小书《比较词源学》主要是做这个工作的。他当时学习俄语,觉得俄语中的"鬼"竟然也和"害怕"有关系,他觉得很奇怪,这促使他研究比较词源学。现在有些学者已经把这种方法推广了,像黄树先教授用中外对比的方法研究比较词义并做过综述。黄教授已经出了几本比较词义研究的专著,用的就是熔古今中外语料于一炉的方法。经典的案例就是"杯""不"和花萼的意义关联。在训诂里面也有"杯、盏、盂"这样的词,英文高脚杯有花的意思,cup也有杯状物、花萼的意思,德语中平底的酒杯和花萼也可以互通,西班牙语、葡萄牙语里面也有类似情况。最近,他又把这种方法上升到词义类型学的高度进行概括,这就是"书野"调查。我们做训诂的不是说只能在二十五史里面来做训诂,还可以放眼全世界。人家这个不是做得很成功吗?他写了100条词义对比,虽然其中部分是可商榷的,但这个方向是对的,是应该鼓励的。其实,这种研究也是认知研究,比较词义学也

---

① 古埃及的希腊化时代,用希腊文来书写当时的古埃及语。虽然2000年前的罗马时期,埃及语和经典的古埃及文差别很大,但是不少词汇仍然可以保持不变,或者有着较好的对应关系。

是认知语义学。假如你都是用这种写法来写训诂学文章,还可以称之为认知语文学。

（3）生与熟

还有一种,通过语料的性质划分。生语料,上面讲的都是生语料,说出来的、写出来的,在那里自然存在的。还有一种是熟语料,是根据不同理论标注的各种句法语义信息的语料,有的是初步标注的,有的是充分标注的。词典也可算一种熟语料。比如张永言编的《〈世说新语〉词典》,编得比较好,很详细,有词类标注,还有用例次数,完全可以作为熟语料来使用。我们可以进行统计,各种词类有多少例,义项有多少,构词语素有多少,等等,这样可以细化我们的研究。这种词典现在越来越多,是做汉语史研究必备的语料。我们除了做生语料研究,还需要做熟语料研究。

20世纪20年代,"哈佛燕京学社"做了一系列的引得,对汉语史和文史研究起到过促进作用,虽然今天有许多电子资源了,但它们还是有用的。有的是逐字引得,有的不是逐字引得。叶圣陶编的《十三经索引》中索引的字只是小句的首字,花了那么大的精力,今天看来用处不大了。逐字的索引对语言研究帮助大,至少可以让读者一览一组语料,便于判断语料的语言学性质,例如《楚简帛逐字索引》。搞汉语史研究的一定要重视购买或查阅断代、专书词典。如果某个时代词典足够多的话,就相当于那个时代大致的语言状况被揭示出来了。只看生语料,对语言特色的把握不够直接。说到东汉语言,翻翻《郑玄辞典》就有直接的观感。十三经有非常好的十三经辞典,每个词有解释,包括属于某义项的用法次数、注音等等,附有原文和索引,如《诗经词典》《〈论语〉辞典》《〈左传〉辞典》《〈吕氏春秋〉辞典》《〈战国策〉辞典》《〈论衡〉辞典》,等等。《论衡》体量这么大还有《论衡逐字引得》,《史记》有《史记逐字索引》,今天,其索引功能已经用得不多了。日本京都花园大学国际禅学研究所编辑出版大量佛典"一字索引"丛书,可资参考。

做近代汉语,所谓的熟语料,如《〈儿女英雄传〉虚词例汇》,此类书对虚词和句法研究帮助很大。比如"很"是个副词,副词所有例子都列在里面,"哼"是象声词,所有例子都列在里面。这本书还列出"关联词语表",比如"便是……也都……""越来……越……""一……更……",等等,这样的材料便于我们研究汉语的构式及其发展。另外,唐、五代、宋、元、明、清都有断代词典,这就是熟语料。如果想利用方言的语料,可以参阅黄伯荣（1996）的《汉语方言语法类编》，虽然看起来材料不足，但是可以迅速获得某类语法现象的概观。

还有一些容易被忽视和遗忘的语料类型。像语言习得过程中产生的中介语、大脑病变导致的失语症语言数据、大脑老化后产出的语言数据（如延缓、重复、语音模糊等等）等，都是一种特殊的语料，对解决语言理论和语言应用问题都是有帮助的。比如，国内北京语言大学的"HSK动态作文语料库"，颇受欢迎，吸引大量的研究者和教学者使用。例如，你可以查"越来越…"，看看外国人学习这个汉语格式时用得正确与否、错在哪里，还可以用来证明自己理论文章的某个观点。

在阅读、查找和使用这些生、熟语料的过程中，有两点要注意：一是带着课题去查资料；还有一些像吕叔湘讲过的，每天花点时间读读语料。吕叔湘说他文章中最好、最贴切的例子都不是临时去找来的，而是之前偶尔看到记下来的。这种随手记例子的做法是很多大学者的习惯。

2. 关于田野调查

"书野"调查讲完之后，是"书中有田"，而田野调查是"田中有书"。田野调查也叫实地调查，指一种研究的方法程序，其目的是获得语言数据、口语素材或只用口头形式流传的语言素材。实行这种程序时，素材的选择以及进行各种实地研究的专门方式都视研究目的而定。最重要的技术有对谈话作录音、语言学家对接受调查的人进行提问（在方言学中常借助于问卷形式，把对所提问题的回答当场写到问卷上或用音标形式记录下来）、语言测验、语言态度测验等。

语言田野调查的传统方法就是手工记音，如果我们有赵元任、李方桂的听音能力，我们只要记录就行了，但是我们很少有那种能力。现在我们采录语料的手段多种多样、工具也五花八门，可以录音、照相、录像等。最好还是多学学民族学、人类学学者们收集数据的方法与态度，他们甚至强调沉浸式地与调查对象生活至少一个年度的周期。不管记音熟练与否，都最好利用技术手段采集对象多种媒介信息。然后，还要做好录音转写与标注，并进行文本分析，特殊情况下还要组建跨学科技术团队进行综合的数据分析。原始数据丰富的话，可以在音位、词汇、句法、语篇、语用乃至副语言学方面发现新的现象和规律。

田野调查方法，有不少深入浅出的专著可供参考学习。例如，戴庆厦(2013)的《语言调查教程》是非常好的入门书，有理论、有方法、有案例，适合初学与提高。我们在这里主要介绍一些目前大家措意不多的调查对象（侧重新型语料采集类型）与方法。

田野调查不见得是跑到大山中、大河边，我们周围的环境——食堂、宿舍、公交车上，都可以叫田野。有时，家里面的调查也属于田野调查。以TED演讲《单词的诞生》为例，演讲者Deb Roy是MIT的研究人员，为了研究儿童的语言学习，在自己家中多处安装了摄像及录音装置，记录下儿子从出生到三岁整个成长过程，共有9万小时录像，然后运用后期数据处理程序得到了富有洞见的结果。这种数据采集的思路和周翔程度，已超越传统的田野调查的范围，是时代水平的代表。Deb Roy是做传播学的，他这些数据主要用来研究传播规律，而由于数据的翔实和多维性，用于母语习得研究也是极其难得的。这些录像把婴儿习得语言的交际场景放进去了，我们传统的语言习得研究很难使用这样的数据，只能侧重于语言符号系统本身。Deb Roy使用time-laps video速播方式，加快回放儿童基于场景的语言习得过程，让大家看到这个孩子从"gaaa"到"water"渐渐学会"水"的过程，看到了"语言的绽放"。我们现在经常讲语言调查，还应有言语调查。言语具有交际的丰富性，我们的田野调查是不是可以这样去思考呢？我们在调查过程中，书面语的系统确实很重要，很值得保留，但是他们言语交际的习惯呢？需要录像！有些话就是在特定场合说出来的。在电视剧《乡村爱情》中，赵四说话很特别，你要是在农村呆多了，就会发现各式各样的言语交际特征，其中有一些特点是个体特点，有一些是某乡村、某类交际群体特有的交际方式、言语方式，这是我们应该关注的。人类学里面有一种方法叫"微变化研究法"，它要求介入式地、深入地考察一些对象的细节变化。如果我们到乡村住一个月，遇到有家里办红白喜事的，我们要把账本、对联、哭的情景照下来、录下来，以便进行细微研究。研究上古汉语的德国学者何莫邪写过《上古汉语"哭""泣"辨》，说哭是一种礼的行为，泣是个人行为[①]。在很多农村，仍然保持传统上的哭的礼仪，包括哭嫁，哭丧。泣是个人行为，"可怜无定河边骨，犹是春闺梦里人"，这个春闺如果想丈夫落泪了就是在泣，不能说哭。哭是一种礼，必须要出声，可以流泪也可以不流泪，但是你必须会哭，懂礼的人才会哭。哭要陈述死者的功绩，是对死者表彰的方式。我们的调查不要那么死板，不能只拿个调查字表读记一下就结束，字表调查只是语言调查的一小部分，我们要有现实的危机感，传统的方言、语言很可能很快就要消失，再过若干年，我们连"哭"都不会了。

留心处处皆语料。比如说现在要写一篇文章《"谢谢"的应答语》，若没有现实的语料采集归纳就很难做。对方说"谢谢"，你说"没事儿"，很少说"不用谢"，

① 郭锡良.《古汉语语法论集》第55篇.北京：语文出版社，1998.

"不客气"倒是经常说。为什么这个地方和那个地方不一样？以前和现在的应答不一样？解决好这个问题，需要翔实的语料。简单地回忆一下，很多人小的时候村里的人很少会说谢谢，说谢谢，既见外、又显得拽文。我们是从电影上、从城里人那里、从国外学来的。我们要找到从不说谢到说谢谢的具体过程，再观察谢谢的应答话是什么。我们曾经不说谢谢，但是也有感谢的方式，这种方式有什么不同，可以对比一下。谢谢的应答有哪些？"不用谢""不客气""没事儿""没关系""小事儿""哪里哪里"，等等。你去美国，去人家餐馆打工，客人说谢谢，你怎么说？"It's my pleasure"这个太长了，一般不这么说。比如说某时有人请你做个演讲，你说"It's my pleasure"这个可以。"Fine"用得很少，"Sure"在服务场所应答最多。我就试过，我说"Thank you"那个女服务员说的"Sure"，就走了，有时就轻哼一下。"You are welcome"比较长，一般场合也少说。看过一个大片，总统急匆匆地走向门口，女侍者迅速打开门，总统对帮助开门的门旁女侍者说"Thank you"，那么女侍者怎么说呢？在这种场景和关系中，就说"Welcome"，这个既正式、又便捷。用"You are welcome"太长了，用"Sure"太随意了。我们中学时候在教科书中学过"Thank you""Not at all"对答，不知背了多少遍，在目的语国家我从来没听人家说过"Not at all"。最近去中国台湾，发现很有趣的应答语，人家服务了，我说："谢谢！"，人家总是说："不会！不会!"。我一开始以为是个人言语习惯，后来发现不是。我就刻意考一考几个同行的大陆同伴，问他们怎么回答，他们或说不知道或回答错了，再询问曾经去中国台湾交流过一年的女同事，她说："是'不会不会'吧?"，她答对了。这个例子可以说明很多道理。学习外语，哪怕是最简单的话，不关注交际实际就不会说得地道。研究语言，研究语用，具体一点说，研究话语标记，你不关注生活、不到实际生活采集语料是研究不好的。

田野调查中还有一类需要注意的特殊情况，简称为"老、弱、病、残"，即关注老年人、儿童、暂时言语疾病患者、残疾人(语言障碍者，如痴呆症患者语言等)。这是一种现代语言观指导下的语料观，收集这些语料有助于研究心理语言学、认知语言学、发展语言学、病理语言学诸多问题。我们以前注意不足。

言语障碍患者的语言是揭秘大脑语言机制的钥匙。我们以前了解较多的"布罗卡失语症""韦尼克失语症"都是神经外科的失语，这方面的语料采集整理工作较多，研究成果也非常多。但神经内科的脑损者，比如痴呆症患者，其语言很少受关注。若干年前北师大的彭聃龄写过一篇综述，后续研究似乎没多大进展。大家都说语料库很重要，大妈买菜用语语料库很重要，医生病人对话语料库很重要，痴呆症语料库更重要，但是这方面的材料很少。

还有一种就是老年语言的语料，研究老年人语言衰退等问题。老人的语言确实有丢失现象。据一位跟随冰心的女儿吴青教授访学的老师说，晚年的吴老师总是在他面前说，最担心的事情是忘单词，忘记学过的东西。老年人语言遗忘有什么特征，什么先忘、什么后忘、什么不忘，都关联语言的各种机制。个体语言有遗忘，语言系统发展也有消亡。柳士镇给我们上课的时候说过，我们都在写语法发展史，应该有一部语法衰亡史。有些语法要素为什么后来都没了？比如说"宁馨儿"的"馨"。把这个"没了"的梳理出来本身也很重要。

中介语材料和语误材料也很重要。你们的英语、留学生的汉语基本是中介语。大家都会说错话，这种语误是心理语言学难得的材料。国内这种研究太少了，沈家煊写过一篇《口误类例》。语误（speech errors）研究属于心理语言学的范围，研究的价值有两个方面：一是能揭示语言的"心理表征"（mental represnetation），使我们知道语言在心理上有哪些单位、范畴、结构和层次存在，存在的形式如何；二是能揭示说话或言语产生的"心理过程"（mental process），使我们了解说话时具体经历哪些处理步骤，这些步骤之间有何联系。观察和研究自然语言中的语误是心理语言学研究言语产生（language production）过程的最重要的手段。按照乔姆斯基的观点来说，语误是和语言行为（performance）有关的，这种语误本身会体现大脑的词库，我们要研究语言处理（processing）过程，语误是非常好的观察数据。

由此可见，语料类型十分广泛。有人提出跨生物的语言学，包括牛、马、鸽子的交际都是值得研究、值得借鉴的。小称变调就涉及跨物种发音共性问题。我们要有宽阔的视野，只要涉及交际的，就可以去观察，可以拿来为我们的语言研究服务。

【讨论摘录】

问：听过一个语言学家的报告《把语言研究拓展到人类之外》，他花了很长时间观察斑鸠，如咕咕三声是出去觅食，等等，语言学界这种研究多吗？

答：朱晓农的书里面有很好的材料，其小称变调的文章[①]后面附有西方研究

---

① 《亲密与高调——对小称调、女国音、美眉等语言现象的生物学解释》，《音韵研究》，商务印书馆，2006.

动物交际行为的代表性著述①。西方研究得很细,此类研究是一个专门的流派。美国20世纪六七十年代研究大猩猩交际方式就是个热点,拓展我们对人类语言本质的认知。国内这样的研究不多,主要是因为理论视野的局限,因为觉得没必要,也可能因为研究基础不好,没有可持续性。一次,我有机会细致观察八哥和其他几种能模仿人类声音的鸟类的"说话",饲养者提醒我,它们要"说话"时,提前一两秒全身羽毛会不太明显地先支棱起来,我一看,果然。我当时想到,这虽然不是语言习得,但跟二语习得的某些理论暗合。二语习得者一般没有言语中枢,习得的语言也是全脑表征激活的,习得者会动用过多的脑区和舌身潜在地运动。所以,这种"语料"也是有价值的,可以启发我们融会贯通地思考。所以我有时跟学生讲,研究语言学在语料观上对"古今中外动(指动物)""老弱病残孕"语料都要留心,只要用得好,都可以用来验证语言学理。

问:怎么处理提到的马学良那样的调查机会?

答:很多机会是偶然的,不变的是我们对机会的态度。例如张双棣是《吕氏春秋》研究专家,他说一开始不是规划要去研究它,但坚持下来竟然成了《吕氏春秋》的专家,并成为北大的教授。你要做个有心人,因时、因地制宜对待机会。例如王蒙去新疆,张洁去东北,他们的回忆录都说要感谢命运的安排。王蒙在新疆写了反应那边生活的小说,他还调查、研究了维吾尔语,他对维吾尔语某些特点的把握很精准,举的例子也非常好。王蒙介绍自己训练维吾尔语思维能力的做法堪称典范:

> 我学习着用维吾尔语来反应和思维,夜间起床解手,扶着床就说"karawat",沿墙走路就说"tam",开门的时候就说"ixik",起风了就说"xamal",边回到炕上边告诫自己:"uhlay! uhlay!"……后来,看到打上数的算盘或者阿拉伯数字,我会立即用维吾尔语读出来,而如果当时突然一位汉族同志前来用汉语问我这是多少,我会瞠目结舌,一瞬间茫然不知所措。(引自《我的塞外16年》,《我是王蒙》第90页,团结出版社1996年版。)

有一次我们去夏威夷开会,感觉那边土话中单元音多、元音重叠现象很普遍,是音系学的好材料。比如火奴鲁鲁,hawaki,momuwa,虽然是英语转写,但

---

① Ewer, R.F. 1986. Ethology of Mammals. London: Logos Press.

是拼出来一看就不像英文词，一听也不像英语。这启发我们思考这种听起来"夸张"的重叠、唇部双元音合并等到底是怎么来的？有没有什么特殊的音系规律？这种发音特点是否有地理气候决定的因素？等等。

神经内科的失语症语料调查，一定会引起一系列的发现。有人渴望能在深山调查一种没有人研究过的语言，现在看来很难，可遇不可求。有人说布依族有个地方，居民穿着的衣服和使用的语言还是很古老的，如果条件具备你就去1个月，这个需要你的学术判断和勇气。有的时候你可以申请项目去做，有的时候你也可以安排自己去做，总之，原生态的没做过的很少，你能做的就是用新方法去梳理。还有一种新材料，比如痴呆症患者的语料，你若看不到，没有那种学术眼光，就算重要材料在你旁边，你也觉得不值得研究。西方有个做语言遗传的研究小组，他们跟踪了一个有语言习得障碍的家族，研究了好多年，在 *Nature*上发表了数篇文章。

问：一手材料不是特别多，二手材料良莠不齐，如何鉴别？沿着不太好的研究成果去研究就有问题，怎么处理这个问题？

答：这个和判断有关，和学者的研究水平有关。这个是需要鉴别的，相关素质是可以培养的。简单的鉴别是参考发表期刊的权威度、作者信誉度、作者理论水准。某个人的调查能力很差或不深入，其材料中仍然有可资利用的部分，因为你从学理上能觉察到有用的成分。关于鉴别语料，你们自己回去查看《汉语语法史研究中几个例句辨析》一文。这个题目十几年前，汪维辉教授上课时曾经说过。他说："现在汉语史研究文章里面的例证有很多不太可靠，就拿《中国语文》引例来看就有问题，你们总结一下，写了还能在《中国语文》上面发。"比如说"臣被尚书召"，经常用来做"被字句"形成初期的佳例，但是深入调查就发现这个句子可能有校勘等问题。从元策略来讲，这涉及如何发文章的问题。比如你拿着训诂名家的东西，核查其语料，看着看着就有问题。关于语言调查，你随便一抓哪一项都有问题。方言里面本字考，写得也很任意。例如，有人把某些方言比字句中比较介词写成"是"或者用方框代替（认为特别的不能考证本字的词），其实这个字就是"视"，古代汉语中"视"本来就有比较的意思。

熟语料的利用也是二手语料问题。例如，王海菜（2005）《古汉语时间范畴词典》中的材料就大可利用。你们别以为拍个脑袋，觉得时间范畴好玩就编个词典，根本的起因是时间范畴在语言里面冲击力极强，渗透的领域极广，非得专门挑出来花大力气调查研究才行。王海菜词典收集分类了各式各样的时间表达形式，我们可以选择某类材料撰写"古代物候时间句式研究"之类的论文，这就是在第二步的基础上再做。另外,各种专科词典都包含很好的语料,比如谜语大典、比喻词典等。《四库全书》之中明朝人编的《喻林》,全是各色比喻,你可以挑出一类来作隐喻(metaphor)研究,比如佛家类的。

最后强调田野调查和"书野"调查都是必须的,没有高下贵贱之分,田野调查的专家看不起"书野"调查、看不上文献语言研究是不对的,"书野"调查能力强者暗自窃笑田野的辛苦也是不对的。两者一定要结合。

思考题

1.语料调查对语言学理论研究有什么意义?

2.现代语言学语料的范围有哪些?

3.如何认识文字语料和语音语料的差别与联系?

第五讲　事实与理论

　　《说文解字》："一贯三为王，贯又通也。"朱熹："尝譬之'一'便如一条索，那贯底事物便如钱，须是积得这许多散钱了，却得那一条索来串穿这便是'一贯'。""一"是理论，"散钱"是事实。语言事实与理论话题讨论得持久且激烈，很多学者随机发表过看法或专门写过论文，在中国语言学界曾经出现水火不容之势。今天，在中青年语言学者中，这方面的激烈争议较少，一方面是由于资讯时代，大家见多识广、方法论共识增多，另一方面是由于学界包容不同风格和类型的研究，可谓"海阔凭鱼跃，天高任鸟飞"。当今，在大数据、云计算、信息可视化的背景下，事实与理论的界限、冲突问题有消解的趋势。事实可以表征为数据，数据的规律与模式可以被自动挖掘和揭示，理论和事实的关系被重置。科学理论的威力没有丝毫衰减，但理论的形成和表征方式都发生深刻的变化，这是我们应该深省、惕厉的。

　　语言理论与事实的关系，有一段时间进行了很激烈的讨论。有的倾向于事实重要，有的倾向于理论先导。有人觉得理论不严谨，因为好不容易总结一个理论，说不定过两天就不攻自破了。又似乎，谁都能提一点儿理论，编一个术语，统摄一点现象，这种研究是不是就是理论研究呢？到底什么是理论呢？理论是按照已有的实证知识、经验、事实、法则、认知以及经过验证的假说，经由一般化与演绎推理等方法，进行合乎逻辑的推论性总结。不同的语言学理论，系统性有强有弱、严密性有高有低、影响力有大有小。做语言学研究，哪怕这个理论或提法解释力非常有限，我们也应鼓励提出不同类型、不同层级的理论总结，这样做对语言学繁荣有利。从理想角度看，我们更支持理论创新，我们应该在学习古今中外语言理论基础上推出自己的理论。

1."明理"的路径：假设与验证？

章太炎告诫说"语必征实，说必尽理"。黄侃谓"所谓博学者，谓明白事理多，非记事多也"。"理"怎么"明"呢？无非是学习旧"理"与发现新"理"，而学习和发现都先要假定有那么个"理"，然后用排列事实、推理和实验等方式验证，这样，"理"就吃透了、成立了，就可以奉行了，也就能"驾一驭万"了。这里涉及理论和事实的关系。理论和事实关系包含不同层次和层面，"假设"或"假说"是由某种理论思想启发对某些事实和现象形成初步的认知、初步的新理论主张，而这种"新知""新论"则需要更多的事实、更合逻辑或数理的推导、更巧妙的实验程序与数据去验证、证明，这样才能推动语言科学的进步。

这样看来，"钱"和"钱串子"、事实和理论、现象与解释、假说与验证都是很重要的，都不能偏废。我们传统上（从古到今）特别强调事实的重要，不那么重视理论建构，这在中国当代语言学领域仍是一个基本的现实。当然，一些语言学人锐意进取，勇于提出理论主张，相当程度地改变了我们理论弱化的局面，例如，赵元任的"零句"观、方光焘的"广义形态论"、吕叔湘和朱德熙的"向"分析、胡裕树等的"三个平面"、陆俭明的"语义和谐率""组块-构式"、徐通锵"字本位"、沈家煊"名动包含""主谓分离"、鲁国尧"声韵谐接原则"、邢福义"小句中枢""句管控"、黄伯荣"框架核心分析"、徐思益"语用场"理论、王宁"源义素"、冯胜利"韵律句法"、陆丙甫"轨层理论"、胡建华"新描写主义"、徐杰"原则本位""语言特区"、石毓智"句法结构赋义规律"、刘丹青"库藏类型学"等等。但毋庸讳言，我们在理论方面缺乏从0到1的范式性革命的创新。所谓"守法则易，规始甚难"。汉语事实的发掘仍很重要，由于理论的进步，我们对汉语事实的认识也比上个世纪深刻得多。朱德熙指出过："有一种流行的说法，语言学的目的不是描写事实，而是解释事实。能解释事实当然很好，可是要解释事实，先得知道有哪些事实需要解释。要对事实是什么还茫然，那怎么谈上解释呢？等而下之，有的理论不但解释不了事实，反而歪曲事实以迁就理论。"[①]朱德熙的话我们是要引以为戒的。王力1980年的《积极发展中国的语言学》、1981年的《我对语言科学研究工作的意见》都指出如果能运用汉语（包括古汉语和方言）或少数民

---

① 出自于朱德熙《对当前汉语研究的感想和希望》，《汉语学习》，1990年第4期.

族语言的材料研究普通语言学，就有可能发展语言学的理论。

以上是关于本讲主题的基本认识。下面就相关现状和议论谈点个人想法。

近年来，谈方法论的某些学者中热衷于"演绎"神话、津津乐道"证伪"，以浅层次的"事实派"为批判目标，鼓吹科学的"演绎逻辑"和假设①。似乎方法论只有这点话题。其实，科学哲学的证伪主义具有明显时代局限，是对当时主导的逻辑实证主义证实原则的反拨。姑且不论这种讨论的对错，我们可以将目光朝向新的科学范式的转变。例如，基于量子世界观的量子逻辑观②、基于人工智能的溯因推理、基于大数据的相关性的发掘等。换一种话语体系，可以把事实和理论问题换成叫"数据与发现"问题。所有的事实都是数据，数据里面能不能发现一些规律，一些模式，一些意想不到的关联，这个是很重要的。

一些学者用三个词来概括三种语法研究的方法特点：test，text，attest。不一定全面，但可略见梗概。"test"是指测试、测验，是生成派的；"text"是语篇，是功能派的；"attest"是类型学的，证实已经存在的语言成分就是attest。这三个词和今天的主题是有关系的。生成派从设计人类语言的普遍语法模型出发，不断用数据，特别是他们认为能证明自己理念的典型数据来test自己的理论极限，并随时做好修订的准备，所以大家会发现生成理论从管辖和约束模型，到原则参数模型，到双层语义驱动的合并，再到贴标算法，理论模型不断演进。功能派借助交际类型、中观的认知概念、语言的功能表达来分析话语和语篇（text），从而归纳出语篇关联、语义回指、语形像似性等一般的规律。而类型学最为重视某些句法语义类型、句法蕴含等级的多语种语料的验证（attest）。

目前，我国语言学领域大部分博士论文，偏重事实归纳的做法，但如果要建构理论就有点风险。我刚读研时，喜欢读一位青年语言学家的理论论著，其文纵横捭阖，反思中国语法学百年误途，大谈文化语言学的引领和世界语言学的

---

① 其实，卡尔·波普尔《科学发现的逻辑》提出可证伪性在某种程度上恰恰是为了归纳式发现做反向的强调而已，他说"科学应该给我们肯定性信息，而我的建议却认为，它的特征是能满足例如可反驳性这样的否定性要求，因此这种建议似乎是有些刚愎自用。但是……这个反对意见无足轻重，因为一个科学陈述由于它的逻辑特性与可能的单称陈述冲突的可能越大，它所传达的关于世界的肯定性信息量就越大（我们称自然定律为"律"，不是没有道理的。所禁越多，所述越多）。"

② "在经典科学领域内，科学家主要是提出理论体系来理解和说明实验现象，认知者、测量环境、认知对象之间有着明确的边界，实验既是归纳理论的前提，也是印证理论的证据，在这里，作为研究对象的对象性实在是自在实在的一部分，理论所描绘出的理论实在被认为是对自在实在的直接描述。然而，在量子领域内，对象性实在只能扮演承上启下的角色，成为沟通自在实在和理论实在的中间桥梁。"（成素梅《量子科学哲学：科学与哲学的深度交融》，中国社会科学网文章）

东方回归,等等,但他的著述引发很多大家的批评。后来看到他的博士论文,居然是以古代专书的语料事实做的句型描写。当时问老师为什么有这样的反差,老师说他若做那种空头理论就毕不了业,他的导师也不会让他做。我也听过某些学者反思这种现象,即有些人毕业论文中规中矩做材料,似乎没什么创新意识,而毕业之后文章常常机智锐敏、言人未发。这从一个侧面反应我们在研究生培养上惯性地不鼓励锐意创新。当然,做材料打基础,也不吃亏。事实的价值在某类语言学研究中会特别彰显,例如,你做敦煌俗字、做近代外来词等等。偏重事实的研究也是有风险的,因为某类材料被人下大工夫做而你却不知道,从学界整体角度看,就有点浪费了。如果能拿到一批新材料,即使做的不好也没关系,有首发权。例如,国内不少高校和单位热衷于购买出土的简牍等。

上文提到 Deb Roy 收集巨量的多维度的儿童母语习得材料的做法也深深触发了学者对语言学一般研究方法论的反思,对我国语言学理论研究中"事实和理论""描写和解释""理论与应用"之争注入新鲜活水。语言学领域研究儿童语言学,很少有能这样做的。李行德是乔姆斯基派儿童语言学者,在湖南师范大学成立了一个儿童语言学实验室。李宇明也曾独立搜集资料研究儿童语言。他们主要的方法是手工记录、录音、或有少量录像。这些方法和 Deb Roy 方法比不是一个维度和数量级的。Deb Roy 是大数据——毫无遗漏地采集所有信息。这个录像之中还有轨迹,包括"水"这个单词诞生的过程。这个就是数据,没有猫眼录像这种工具就采集不到数据。可见,现代工具极大地改变了我们收集新语言事实的面貌。

数据采集量增加了,最核心的就是对数据的分析。《单词诞生》视频中的连线属于目前比较领先的社会网络分析方法,其中的交际场景是虚拟现实手段实现的。在这里面再去探索新的知识,只要材料新增加了一级,所得到的结论一定是和以前不一样的。之前无法追溯在哪一个点发生了质变,现在可以追溯到每一个点,例如,"水"这个单词是如何发音的。这个视频就启发我们思考传统的理论和事实之间的关系。这个里面一开始的研究没有什么理论,但是后面的理论就是运用所有新的技术手段获取事实,通过程序计算的方式把要点呈现出来,这就是可视化理论方法。

通过这个视频我们可以反思自己研究的缺陷:一手数据是否全面?例如,我们调查方言通常使用方言调查字表,而在李方桂带马学良调查的时候不是用这种方法调查的,他们是收集大量的文本材料。现在我们可以用录音笔大量录音等其他方式。这种研究可以得出真正语言研究的材料,同时需要现代技术手

语言研究方法论十讲

段处理,如各类统计软件、可视化技术等。国外语言学博士生大都会被要求学习统计学软件,这是最基本的。在某种程度上,我们也可以去努力的。

围绕理论和事实的关系,前人的总结是值得借鉴的,徐烈炯(1997)认为:

> 在理论与事实之间存在着一种叫作张力的东西,这种东西正是推动科学发展的动力,这在一般科学领域是这样,在语言科学研究中也是如此。认真思索一下如何在语言学科学自身发展的过程中不断缓解语言理论和语言事实之间的张力,在两者之间寻求平衡,对当前我国语言学界来说,应该说已经成了件非得下力气谈论不可的事了。在我们的语言学界里似乎有一种不太好的倾向可称为"唯理论",表现为片面追求理论创新或者齐整,不愿花力气发掘事实,唯恐理论被推翻,在进行理论建树时,对明明同理论相悖的反例听而不闻、视而不见;另有一种不太好的倾向可称为"唯实论",表现为对理论不屑一顾,认为搞理论是雕虫小技,唯有拿出事实才过硬。[1]

今天,在大数据与发现、智能计算与发现的背景下,事实与理论界限问题、冲突问题似乎不那么突出了,也可以说有渐渐消弭的趋势。事实变成不同级别的再造现实、再造自然。事实可以表征为各种数据,而数据是可以自动处理的。理论思辨可以不同层度转化为数据模式的发现,学者可以借助算法和统计进行半自动化的理论归纳与提升。

2.如何发现有价值的语料

发现有价值的语料的能力与研究者的理论视野、理论水平有直接的关系。理论素养和事实发掘之间,存在互为促进、持续升级的过程。分两部分来讲:

(1)从语料凸显性角度看

哪些语料对于我们研究有用? 广义讲,都有用。从语料利用的效率看,我们尽量要优先考虑更有价值的、更有产出的语料,可以带着理论假设直接去搜语料,例如用生成语法的约束理论去搜索古汉语中的"自己"就能写出该理论风格的文章。我们这里根据一般的认知心理,把对语料敏感性鉴别大致概括为三

---

① 徐烈炯.语言学理论与语言事实[J].现代汉语,1997(3).

个字：多、新、奇。

①多

我们会遭遇某类材料特别多、某类数据特征特别丰富的情况。根据材料的指引，有时只需要零点几秒的时间就可以将一个论文题目选定，这就是对材料的直觉。这首先需要有一个理论准备，好的材料对于某些人来说可能是熟视无睹，但是对于另一些人来说可能一眼就看出来了。例如，廖序东写过的《天问》中的问句，有些人认为这个没有意思，《天问》中不就是问句多嘛，但当时汉语史学界对战国时期的语法研究不多，战国语法研究显得很重要，现成有一堆材料、有价值的材料不用，何必去东找西找呢。《天问》之中全是问句，正好用来考察战国楚语的一种句类，这种研究对推动今天形式句法的句子功能研究也是大有帮助。廖序东后来在此类文章基础上写了《楚辞语法研究》的专著。再例如，丁声树的《何当解》一文也是佳例。大家读魏晋南北朝的诗或文章，经常会碰到"何当"，频率极高，以为大致相当于"何时"也就不去细问了。丁声树写出文章后，大家都惊讶中古的"何当"如此复杂。今天，有语法史理论素养的都明白，高频率的词和结构一定会导致功能上变异，这个"何当"的句法功能一定不简单、一定蕴含着中古语法发展规律的一些秘密。

再举一些零散的例子。读研究生时老师让我们读《马氏文通》，我发现满纸都是"气"，于是就写了一篇《论〈马氏文通〉的"气"》，受到老师的表扬。我的第一届硕士生在课上了解到十二卷的《全元戏曲》的语料规模很大，就想拿它来研究元杂剧的语气词，并准备做开题报告。我知道后，想到很多年前有个老师写过硕士论文《元杂剧中的语气词》，就立马商议改题目。虽然我们材料够丰富，但题目重复就显得原创性不足。当时，我在旧书滩上淘到一本《宛署杂志》，这部书写的是明朝北京一个县的年度财政收入情况，包括进多少货物，买多少东西之类。其中名量词，满目皆是，就推荐她研究其中的名量词。因为语料丰富，足以稍稍参酌其他研究就能归纳明代量词的整体面貌。论文受到答辩组老师一致好评。中国台湾地区洪艺芳的优秀博士论文《敦煌吐鲁番文书中之量词研究》也在于材料的充分，大家翻一翻这些出土文书就知道，其中量词实在太丰富了。出土的三国吴简中人名也很多，也很值得写论文。所以说对于扑面而来的材料要有一种敏感度，选题才能"得来全不费工夫"。

②新

新材料。敦煌吐鲁番文书一出来肯定是新的，当年徐复、蒋礼鸿都以之做训诂研究，这种做法是陈寅恪所言的时代"预流"之学问。我读研究生时在书店看到一本书叫《新出吐鲁番出土文书研究》，就图一个"新"字，买来写文章，很快就发表在核心期刊上。新的材料在书店逛逛可以发现。

上面讲的"书野""田野"调查时也涉及了调查材料的新颖性。新出土的文献、跨领域没被重视的文献、海外失散的文献、民族地区新发现的文书等都是新的。田野调查方面，国内完全没有调查过的方言点、语言点可能不多了，但调整了调查的角度、深度、范围，还可以获得新材料。

信息时代号称"数字富裕时代"，传统的各类文献被逐步电子化，谷歌对全球图书和报纸的扫描早已完成，各类自媒体激发语言的活力，各种区域和社会变体的语言数据分散在网络空间，需要我们开发利用。

类型学、生成语言学、认知功能语言学都需要各种语言数据来验证自己的理论。全球 6 000 多种语言，被用于语言学研究的毕竟还是少数，我们今后的目光不能老是盯住国内的，不仅要"普方古"，还要民族语、外语，还要"古今中外动""老弱病残孕"。

③奇

材料很奇怪，很有意思。有的是语料本身的奇，还有的就是有一些现象、提法都比较奇怪，就值得去探讨。例如，亚马逊河流域有一种皮拉哈语（（Pirahã），这种语言在句法上没有嵌套结构（embedding），词汇与语义上没有数词以及量词（quantification），没有相对的"时"（relative tenses）范畴，个人与集体对过往的记忆不超过两代人，没有颜色词，等等。这种语料会让说英语和汉语的人觉得非常奇怪，其用例甚至挑战了形式句法的嵌套原则。调查者 Everett 用"体验即时性原则"（Immediacy of Experience Principle 即交流仅局限于谈话双方即时的体验）来解释所观察到的这些语言现象。有时"看似奇崛却寻常"，如《说文解字·丸部》"㣪，鸷鸟食已，吐其皮毛如丸。从丸，咼声。读若骰。"大家会对这个字形和释义觉得很奇怪，章太炎经过考证说它是燕窝的"窝"的本字，就显得很平常了，但其中的学理却彰显了。

1999 年左右，我正读博，中国残疾人联合会发起给"残疾人"更名的活动，这个活动的动因是好的，我用学到的一点语言学理论分析，觉得这种做法不能成功，为什么呢？因为违反语言学规律。这里涉及语言的标记论问题。一开始，汉语有"残废"一词指残疾人，这个义项已列入《汉语大词典》，社会生活中自称、他称甚至面称都不觉得有什么冒犯的，随着社会文明的进步，大家感觉"废"有点贬义，这个词就不怎么用了。"残疾人"是雅化后的称谓了，没什么贬义。因为"疾"是正常人也有的，只是"残"字不太好听，但"残"本身也不是贬义的。举办方认为我们经常称呼自己是"正常人",好像残疾人是不正常的。其实,"正常人"是默认的,只有在相对环境中,为了指称清楚才说的。所以特定情况下说正常人,不代表侮辱残疾人的意思,而是很多人不了解相对的标记。

再比如,《马氏文通》例言这样说:"为文之道,古人远胜今人,则时运升降为之也。古文之运有三变焉:春秋之世,文运以神;论语之神淡,系辞之神化,左传之神隽,檀弓之神疏,庄周之神逸……汉书之气凝"①,一般读者会好奇这些话中的"神""淡""隽""逸"等是什么意思呢? 为什么说《汉书》之"气"就是"凝"呢? 这就是题目。"气"大致是文气,具体表现为组词成句、组句成篇的语言表现,而《汉书》在句式上与《史记》比,往往抽掉了很多虚词,由舒缓变得紧促,所以就显得"凝"了。但是你没读过《史记》《汉书》你就觉察不到,你没读过《马氏文通》也可能想不到用"气""凝"来概括。受这段话启发,我指导某研究生以《〈论庄子〉之神逸》为题完成某庄子专家的课题论文,得到满分的好成绩。

还有一个例子,古希腊亚历山大图书馆馆员埃拉托色尼,在纸草书中偶然读到一则材料,说赛恩城每年夏至日的中午太阳可以直射到井底。这一则材料,也就是数据(data),是此地夏至日人站在那里没有影子的数据,这让埃拉托色尼觉得有点奇怪,他想亚历山大图书馆这个地方夏至日有没有这种现象呢? 竖个小棒子一测,却有一个很短的影子,今天叫作子午线的斜率。他根据这个简单的斜角并假设地球是曲面、阳光是平行线,进一步推算,测出地球的周长是4万千米,和今天的差距不大。这是公元前3世纪的事情,好奇心点燃了人类理性智识的光辉。

再比如说,20世纪欧洲探险家从吐鲁番垃圾堆中挖出一个小纸片,上面写着"父驴一头"。这是个孤例,大家觉得"父驴"的表达有点怪而已,也不觉得这一小句有什么价值。有一本书叫《世界的语法化词汇》,里面有很多种语言的词汇语法化实例,其中就有父母的称谓语虚化为表示性别的非谓形容词,或者叫区别词的例子。这一则材料就可以纳入世界语法化词汇之中,它佐证了称谓词的语法化过程。

(2)从语料获取路径角度看

从搜集材料的可操作性的行为、方法的角度大致概括为三个字:找、碰、造。

①找

---

① 马建忠.马氏文通.北京:商务印书馆,1898.

这方面的例子太多了,随便举几条。比如达尔文在自传里面说"毫无区别地收集大量的事实",上一讲提过的《视觉思维》的作者也说:"几十年中,我在黑暗中探索,我积累了成箱的资料。"(页37)。李方桂在其口述史中说为自己的某项研究至少找了10年的材料。文献学家王利器在20世纪学术荒废的年代查找抄写了三万多张卡片,陆续交出了十余部书稿,如《文镜秘府论校注》《李士祯李煦父子年谱》《元明清三代禁毁小说戏曲史料》等,其数量之大,质量之高,涉及面之广,在当时几乎无人能及。这就是找材料的大用。

找材料有的时候还有一种理论驱动的方式,我们举个例子,清华四大导师之一的李济,他是民国时期考古界的一流专家,他在美国留学时学的是人类学。开始一两年他想利用新学的人类体质测量方法,测量中国同学以及华侨,后来还写成文章,但他认为这个材料太少了,不足以支撑一篇博士论文。他突然想到小时候读过一篇文章叫作《徙戎论》,想到中国历史上特别强调"严华夷之辨",而这种观念在西方也有,民族学家Sumener把这种意识叫作"我群(we-group)""你群(you-group)"。接着,他想如何用这个观念分析中国的历史材料呢? 他就想到各省的地方志书里面记录的城墙,他说:

> 有一次,我忽然想到大图书馆内大概有中国各省的地方志书,而每一部志书都有关于城墙建筑的记录。我心中一动,我想"城墙"算不算有礼义的中国文化的表现呢? 这自然是有现代人类学眼光的人问的问题。我向自己问了好些遍,觉得颇有道理。于是我就去查,看那儿究竟有多少志书可用? 结果我失败了,因为哈佛大学所藏的这些志书极不完备。但不久我却发现了一部外交部印的《图书集成》,这部中国百科全书有一段转载了全国各地的城墙(包括废弃的在内)建筑的记录。我好像发现了一个金矿似的! 我感到我有题目可做了。于是我费了两个月以上的功夫,逐条查去,把各省、各县及各乡的城墙的时代都查了出来。查完了这批资料以后,问题就跟着来了。
>
> 我如何把这批材料处理得使人懂得我的意思? 第一,我要说明在中国境内建筑的城墙,是代表"我们"中国这一群,即英文 we-group 的城墙;第二,这些城墙在中国境内的发展,代表这个文化的发展。经过相当时间的考虑,我把城墙的建筑时代分成若干期,再注明每一期在某一区域内,有多少新建的城,有多少废弃的城。这里面包括好些细工作:如分区的界限、地理名词的演变、所在地的确定、地方志书的错

误,以及时代的考订等,都可以分条做许多小文章。但是我的目的是在于说明一个总的趋势,所以解决的方法也只有从大处着想了。这批材料就构成了我论文的第二章,英文名字叫"Evolution of the We-Group"(《我群的演变》)。

他论文的成功就是靠这些材料。从中,我们可以领悟到,找到有价值的材料,需要有理论意识、问题意识,有知识的敏感性。现在有很多新材料散落在各地,犹如李济讲的"金矿",需要慧眼发现,需要他那样的"心中一动"。

找材料还有很多方法,例如,王远新(2007)的《语言田野调查实录》提到文献法、访谈法、观察法、问卷法、实验法,最好的方法就是一堆材料在那里根本不用费事就找到了。

利用技术手段找。国外做可视化的一个技术人员的例子可以借鉴。国外有很多开源的数据库,如美国有常年风向的数据库,有人就利用这些数据把风向做成了动态的风图,这个成功的案例引起大家的惊羡。数据是摆在那里的,你通过什么方式呈现,是看你的理论造诣和技术手段,这就是用计算机辅助去发现材料和事实。有人通过微博地标打卡数据进行统计分析得出人群移动的地理特征,等等。在标注好的熟语料数据库中就更好找到自己的语料了,但前提是要仔细研究数据库的规范再巧加利用才行,不要被数据库的名字误导了,有些资料库不以数据库命名,但实际上比某些叫数据库的还重要。比如中国基本古籍库、四库全书检索版等。这些大型的数据库都值得专门研究其中的检索规律,例如,在四库全书数据库中以书名含"图"字为检索条件,你会发现原来这套古籍还能检索到各种图版的信息。搜索引擎的重要性就不必说了,例如,你用精确模式在谷歌中检索成对的反义词,你马上就能理解什么是标记论和分布的不对称了。

②碰

"碰"是一种偶然性,就是碰巧读到的、听到的、想到的语料和点子。听过很多语言学者亲口说,"灵机一动"碰到的语料和思绪非常重要,往往起到决定性的作用。《语法研究入门》一书中收了吕叔湘的《漫谈语法研究》,里面有一句很中肯的话:"最好的例子是不经意得来的。"真正贴切的例子是无意中发现而积累在那里用的。他还提出了建议,进行语言学研究的人每天都应该去读一些语料。读语料不需要正对某一种研究,就是觉得好就把它收集起来。这是他的一种研究方法,就是要碰。再例如,鲁国尧在日本就碰到了《卢宗迈切韵法》这本书,回来一研究,就开拓了新局面;董志翘到日本去碰到了《观世音应验记》,回来就写了书。

　　偶然性好像是不能控制的,我们不能确定它什么时候来,但我们可以制造一些条件,让有利的偶然性经常发生。一定要自己去制造这种条件,比如,我们要做中古或近代词汇研究,就应刻意阅读这时段的各类文献,那么得到发现的几率就会提升。以我寻找"阿滥堆"音义理据为例说明如下。蔡鸿生所写《唐代九姓胡与突厥文化》,该书的第223到224页以《西域物种与文化交流》为题,写有《唐代名禽阿滥堆》《阿滥堆的性状》《唐玄宗与阿滥堆》《康熙皇帝的"阿滥"说》《"阿滥堆"音义试探》一组文章。"阿滥堆"是唐朝很有名的一首曲子,据说得名于一种叫作"阿滥堆"的鸟,模仿这种鸟叫或以这种鸟名谱的曲子叫作"阿滥堆"。他就写了一堆文章来研究"阿滥"是什么意思,他怀疑"与某种胡语有关",以敦煌、吐鲁番文书中"曹阿揽延""康阿揽延"等名字中的"阿揽"为证,又引唐代九姓胡中的安国故都名"阿滥谧"(粟特语ārāmitan,意为"静养地")词根ārām,有"宁静、清幽"之意,便推想"阿滥"的音义理据就如此。作者最后说:"倘若'阿滥'的音义可以这样还原,'堆'字仍无着落(《元朝秘史》称"妹子"为"堆"),不敢强为立说。考订文史上的名物谈何容易,究竟'阿滥堆'之谜应当如何破读,作者无力在千年之后寻坠绪于茫茫,只好期待着高明来提出胜解。"我觉得"阿揽"和"阿滥"是没什么关系的。我碰到的材料证明人名中的"阿揽"来自祆教神名之一。读《大慈恩寺三藏法师列传》碰巧知道"阿滥"和"鸡"禽苑囿有关,又在《突厥语大辞典》中检索Aran解释知道"阿滥"与"畜园"有关,"阿滥堆"或许因为和养鸟的地方有关,进而得以命名为曲牌。当然,还有一些"碰"到的细节可以进一步厘清"阿滥堆"的理据,限于篇幅就不说了。不过,大家可以感觉到"碰"是多么重要,为了"碰"到有价值的材料而做的准备也很重要。

　　需要注意的是,基于理论指导的科学观察与日常生活中出于好奇而产生的随机性观察不同,认识的事实和数据也不一样,两者应结合。

　　对"碰"到的例子,要有敏感性。下面介绍一个由留学生的偶然提问引发陆俭明(1993:23-25)教授关于定语层次性研究的例子:

　　　　1985年我发表了《由指人的名词自相组合造成的偏正结构》(《中国语言学报》第2期),这篇文章也是在朱德熙先生的直接关怀、指导下写成的。1975—1976年我教越南留学生现代汉语语法,有个学生问我,鲁迅的《孔乙己》开头一句中的"鲁镇的酒店的格局"这个偏正结构该怎么切分? 当时我凭直感,告诉他,应分析为"鲁镇的酒店的/格局"。这个偏正结构有些特点:(1)在这个偏正结构中,除了"的",是三个名词"鲁镇、酒店、格局";(2)第一个名词"鲁镇"与第二个名词"酒店"之间是领属关系,第二个名词"酒店"和第三个名词"格局"之间也是领属关系。由这个偏正结构,我得出了一个想法:包含三个名词的偏正结构中,如果名词之间依次有领属关系,那么在层次构造上一定是左向切分的。1981年在成都举行中国语言学会第一届年会,有一天晚上我到朱先生房间聊天,说着说着又谈到语法问题上去了,我就把对"鲁镇的酒店的格局"的分析以及我的想法说了,问朱先生这样考虑对不对。朱先生说"有道理",可是与朱先生同屋的李荣先生立即提出异议,他说:"那不见得,譬如说'父亲的父亲的父亲',你说一定切分为'父亲的父亲的/父亲'? 那不一定,我们也可以切分为'父亲的/父亲的父亲',因为'父亲的父亲'就是祖父,按你的切分是'祖父的父亲',按后一种切分是'父亲的祖父',而'祖父的父亲'和'父亲的祖父'等值,都指曾祖父,可见这两种切分都是可以的。"李荣先生的一席话把我说得楞住了。从成都回到北京后,我老考虑着这个问题,总觉得自己的想法是合乎事实的,但李荣先生的例子怎么解释,又想不清楚。我又去找朱先生讨论,朱先生说我也觉得你的想法是对的,但李荣先生的例子也确实是个问题,我看你去研究研究。"接着他又说:"你一定不要就李荣先生的例子就事论事,一定要跳出框框,可以在更大的范围里去考察分析。"朱先生这个话对我很有启发,我想,"父亲的父亲的父亲"这个偏正结构里的名词都是指人的名词,我应该按朱先生的话去考察由指人的名词组成的偏正结构。我把这个想法又跟朱先生谈了。朱先生肯定了我的想法,并进一步指导我,要我先从包含两个指人的名词的偏正结构考察起,然后扩展到包含三个、四个、五个或更多的指人的名词的偏正结构。我就按朱先生所指的研究路子一步一步研究,结果不但发现指人的名词可分四类六组,而且发现了这四类六组指人的名词自相组合成偏正结构的六条规则,根据这六条规则证实了我原先的想法,即使是"父亲的父亲的父亲"也还是应该切分为"父亲的父亲的/父亲",而"父亲的/父亲的父亲"这样的切分是错误的。我把文章初稿写出来后,送朱先生审阅。朱先生比较满意,但指出,你不能光说分析为"父亲的/父亲的父亲"是错的,还应该进一步说明为什么是错的,这样就比较完美了。我根据朱先生的意见进行了修改,修改后又请朱先生看,直到朱先生点头为止。不难看出,我这篇文章也是在朱先生指导下一步一步写成的,而朱先生关于不要就事论事,要跳出框框,到更大的范围里去考察分析的思想也一直指导着我后来的研究。

大家可以搜索陆俭明老师提到的原文(《由指人的名词自相组合造成的偏正结构》),仔细学习思考。

③造

分基于理论和基于科技手段的创造。让大家看的视频《单词的诞生》就涉及一种经由综合性科技手段的采集和创造材料的实例。这个"造"是广义的,因为没这种手段、没这种技术,就得不到这样的材料,这是一种意义的"造"。还有一种是乔姆斯基等生成语言学家,他们认为语言学者可以根据自己熟悉的语言任意造一些词句来测试某些理论主张。母语者产出的真实语句以及他们的语感就是切实的数据,是可以拿来做科学研究的。

(3)语料存储与使用

这是属于个人知识管理(personal knowledge management)的方法。要考虑两个问题:第一,这些语料能不能用最快的方式存储起来? 第二,需要时能不能很快提取出来? 最好的方法当然是随手记下,但是提取比较难。前辈们都是这样的,为了避免提取的麻烦他们不得不缩减自己的兴趣,只能在一个领域里面做,否则材料一多就不好处理,比如,一个卡片有五种用途,虽然有一堆卡片,但是今天要用的时候翻半天翻不到,好不容易像李敉一样做一个音序检索,但是有的时候音序又激活不了所需材料的特征,要通过另外一种语义关系把它查出来。最好的办法就是把各种语料电子化,通过各类标签(tagging)把语料各种潜在的特征都标记出来,以便使用的时候检索获取。现在有各类云端笔记,很适合这种快存快取。

例如,碰巧在TED演讲中听到一个英文词rope-like,类似于汉语中"花样(年华)"构词方式,同时记起江蓝生曾经写过金元资料里的比拟助词"……似"的之类文章,因此,觉得rope-like的语义组合可以用于说明一种普遍认知规律(隐喻或类比)制约的构词形式(在汉语中是造句形式)。有的人见的语料少,会认为"……似"组合是汉语模仿阿尔泰语系的。对这个语料,根据研究目标,可以标这些标签——"语法构词""语言接触""语言类型""比拟""助词"等,以提醒自己使用。当然,为了将来提取方便应该把文字标签转成简写的自定义的字母组合等,以防提取杂多的不相干材料。李敖津津乐道的读书方法是"大卸八块",把书本剪减下来分门别类地去贴,这样的时代已经过去了。何乐士、王利器等治学使用卡片的时代已经过去了,至少重要程度降低了。学者如果不重视理论积累和语料收集,过了一段时间就会焦虑。

3.发现法总结

这又可以分为三个方面:归纳、类推、计算。

（1）归纳

王力说"例不十,法不立",就是说理论的确立需要实证材料。布龙菲尔德（2008:21）在《语言论》中强调"对于语言,唯一有用的概括是归纳的概括。"有些同学可能会问为什么要说归纳,而不强调演绎呢? 我们可以参考诺贝尔经济学奖得主赫伯特·亚历山大·西蒙（Herbert A. Simon）（中文名:司马贺）的方法论思考。西蒙也是认知心理学理论早期开拓者之一,他写过一本小书叫作《人类的认知——思维的信息加工理论》,他的这本书很薄,但原创性极强,石毓智说这是他唯一读烂过的一本书。这本书说谈方法的时候,只提到两种归纳,其中一种是理论驱动的归纳（theory-driven induction）,还有一种是材料驱动的归纳（data-driven induction）。书中说"科学家对理论驱动归纳感兴趣,就是我们所说的演绎法。但科学史上大多数的科学发现是材料驱动归纳,即使在理论性很强的领域也是如此。例如,高能物理学,也需要大量的材料,才能做出科学的发现。"这也回应了我上面提到"数据与发现"的重要性。所以我们在研究中怎么重视材料都不为过——重视新材料,尤其是新语料、新数据、新数据中的模式,这是毫无疑问的,但是我们不要死板地固守材料至上。重视新材料的目的是让我们从中得出一种新知,更高的是发现一种规律,可以是很简单的规律,也可以是复杂的规律。

（2）类推

我们在材料归纳的过程中会发现有时材料很多,但不见得能产生理论突破。一个富有启发性的个案就是达尔文创建进化论的过程。达尔文收集了很多生物变异材料,但是一直找不到统一的机制解释这些材料。达尔文日记中写到:"1838年10月间,也就是我的系统探索十五个月之后,我为了消遣偶然读到了马尔萨斯的人口论,而我由于长期不断勘察植物的习性,对于这种到处都在进行着的生存斗争,思想上早就容易接受,现在读了这本书,立即使我想起,在这些情况下,有利的变异往往易于保存,而不利的变异则往往易于消灭,其结果就会形成新种。这样我终于得到了一个能说明进化作用的学说了。"达尔文学说中"用进废退"的新种形成思想在他整理材料的研究过程中还没有浮现出来,新思想产生往往是这样,没有点破就茫然无绪,只要一个触发就能认知升级。这个事例也说明,我们要尽可能多关注我们时代各种相关学科的发展,其中当代平行的认知成果往往触发我们类推和联想,以致可以借用于解释表面不同而规律一致的现象。在理论归纳和提炼过程中要学会"左顾右盼",不能师心自用,整天死守在材料、数据堆中出不来了。

(3)计算

冯志伟(2010)说过:"语言学知识究竟在哪里? 我们的回答是:语言学知识固然在词典里,在语法书里,在汗牛充栋的语言学著作里,但是,这些语言学知识毕竟是通过语言学家对于局部的语言现象归纳出来的,难免会有片面或错误的地方;更多的语言学知识还隐藏在语料库里,语料库是语言学知识最可靠的来源。从语料库中获取语言学知识,并根据这些知识对于前辈语言学家根据内省得出的结论进行检验,从而证实或证伪这些知识,这是生活在21世纪的语言学家责无旁贷的任务。"这说明,通过计算的方法可以从数据库中获得真理性认识。根据这段话,我们也应认识到,纯演绎是不能证伪的,假说、归纳的论断才能证伪。这种证伪才是知识更新的常态。

现在看来,有了计算的方法,不仅仅是语料库重要,直接的、散见的一般文本也很重要。大数据时代,我们有技术手段、可视化手段将自然的数据进行有序处理。一个很著名的例子是 Arrowsmith 系统。Don R. Swanson 是一个情报学家,Don R. Swanson 认为在已经发表的非相关文献中,可以推理得到未被发现的知识,并举出了一些令人信服的例证。第一个应用非相关文献知识发现法的成功案例,就是在1986年有关雷诺病与食用鱼油的研究。第二个例证是有关偏头痛和镁缺乏会导致某种生理改变,这种改变是与偏头痛相关的。他本人不是研究这个方向的,他通过知识挖掘挖出来新的理论。你很可能大展手脚地刻苦钻研一个基于任务的大项目,但是计算机专家可能用一排程序计算就解决了。当调查偏头痛(migraines)的起因时,Don R. Swanson 从生物医学文献的文章标题中提取了各种各样的线索,其中的一些线索如下:

因果链 1：偏头痛，镁流失：

Stress is associated with migraines.（偏头痛与精神紧张有关。）

Stress can lead to loss of magnesium.（精神紧张可能会导致镁流失。）

因果链 2：偏头疼，钙通道阻滞剂，镁：

Calcium channel blockers prevent some migraines.（钙通道阻滞剂可以防止某些偏头疼。）

Magnesium is a natural calcium channel blocker.（镁是一种天然的钙通道阻滞剂。）

因果链 3：偏头痛，传播皮层抑郁，镁：

Spreading cortical depression is implicated in some migraines.（传播皮层抑郁与某些偏头痛有联系。）

High levels of magnesium inhibit spreading cortical depression.（高含量的镁可阻止传播皮层抑郁。）

因果链 4：偏头痛，血小板聚集，镁：

Migraine patients have high platelet aggregability.（偏头痛患者的血小板聚集性很高。）

Magnesium can suppress platelet aggregability.（镁能抑制血小板聚集。）

这些信息分散在不同类型的研究成果中。一个智能的计算系统就能通过自动运算给出新知的线索。这就要求我们重视统计知识的学习、关注统计软件的使用。如果不会使用，可以找会使用的合作者。这就表明需要有这种合作的眼光，每个人都不是全才。我们要知道什么是最重要的，要知道和什么样的人联合攻关。

思考题

1. 如何发现对语言学研究有价值的语料？

2. 谈谈计算思维在理论建构中的作用？

3. 如何认识理论驱动归纳和材料驱动归纳的二分中不提演绎法？

4. 当代科技进步对语言理论和事实之争有什么影响？

第六讲　命名与创新

　　"有名万物之母""名逐物而迁，言因理而迁"。语言学概念和术语是前人理性思维的成果，需要学习、继承，当然更需要修订、增补，乃至"大破大立创新见，一抛一捡探语言"①，否则语言学就不能发展了。钱钟书说"心知（智）之需名，犹手工之需器"，没有这样的"器"，就不能对诸种语言现象分类、装载和驾驭。"名"的创新往往关涉新现象、新规律的发现，意味着理论思维的突破。

　　这一讲从术语②、概念命名的视角来看学术创新。命名是对语言现象及其学理解释的抽象化、概念化、术语化，也可以说是理性化提升。此处，"视角"一词含义类似于英语的"approach"，大致等于途径、门道。今天就讨论创新思维的一个门道。读书时，老师告诉我们，语言学文章就两类，一类是有新观点，一类是有新材料。现在看来，"新观点"还可以再拓展一点，最高标准是提出或解决新问题，而随时修补别人说法就可以有新观点了。提出一个新的问题域，导致一连串的问题，这才是最高境界。提出新的问题、采用新的方法最重要，之前没有强调用新的方法，老问题用新方法解决就完全不一样了。这些新方法的使用最终都会呈现为新概念和新术语的提出。历史上最出色的语言学家都是"术语大户"，比如乔姆斯基。1979年出版过赵世开翻译的《英汉语言学词汇》③，乔姆

---

① "今日语言学"公众号（2021-12-08）文章，完权《沈家煊：大破大立创新见 一抛一捡探语言》.

② 本讲的"术语"不是严格意义的经过法定机构审定的术语，也包含一般的学术概念.

③ 赵世开.英汉语言学词汇.北京：中国社会科学出版社.1979.

斯基在这本词典中几乎没有任何术语。到了沈家煊编纂的《现代语言学词典》①中，除了乔姆斯基本人作为词条之外，还有他提出的Competence（语言能力）、Chomsky hierarchy（乔氏等级）、E-language 和 I-language（E-语言和I-语言）、Continuant（连续[音]）②、X-bar syntax（X-标杆句法）、Innateness hypothesis（天赋说）等等。

我们传统的语文学家章太炎先生，也是著名的"术语大户"。他不仅在小学（他后来命名为"语言文字之学"）方面创建的术语多，而且在文学、经学、史学、礼学等领域也多有创获。例如，他在语言学、语文学方面提出"初文""半字""语根""孳乳""变异"等。黄侃也提出"笔意""笔势""古音十九纽"等。什么是"笔意"和"笔势"呢？比如"宿"字，《说文解字》认为"从宀佰聲。佰，古文夙。"如果从甲骨文字形来看，就是一个人在房子里面躺在床上，这就是"笔意"，是笔画真正的含义。但是后期"笔势"发生了很多的变化，就看不出来了。这是很自然的，六国文字各有各的"笔势"，到了许慎的时代就可能看不出"笔意"了，所以抢着把"笔势"的问题说成"笔意"。学者的学术创新不仅可以表现为概念术语创新，也可以用简短的命题和断语表达一种创新思想，如黄侃"中国学问贵发明而不贵发现"③、黄文弼"东西文化两期推进说"④、陆丙甫"语义靠近象似性"、张涌泉"音随形变"、朱晓农"声调起源湿热大陆"、徐杰"汉语词缀少而语缀多"等等。

新概念的提出不一定需要深思熟虑、定义精确。新术语、新概念乃至新的工作概念（临时性概念，也叫操作性概念等）的重要作用有时体现在凝聚新的研究方向，展示学者独创性的研究内容，其内涵是可以逐步丰富的。乔姆斯基就用过大量的工作概念，有的延续了，也有不少废弃的。他废弃了"深层结构""表层结构"，废除了特征核查、GB理论、X-bar等等，这让很多追随者难以适应。但生成理论确实在进步，他提出的生物语言学、句法运算唯递归性、贴标算法代表了其语言观下的理论升级，照我看来，仍然是正确的方向。再比如，像"佛经语

① 沈家煊.现代语言学词典.北京:商务印书馆.2000.

② 乔姆斯基和哈勒在其音系学的区别特征理论中确立的语音特征之一,用来描写发音方式的变异。

③ 黄侃批评罗振玉、王国维的"发现之学"的局限在于"经史正文忽略不讲,而希冀发见新知以掩前古儒先"。"发明"是阐发说明前言往行,这才是"为往圣继绝学"。

④ 即公元前5世纪至公元前2世纪为东西文化向新疆的第一期推进,西方文化主要通过西北荒漠进入新疆,中原文化对新疆也有影响;公元前1世纪至3世纪为东西文化的第二期推进,汉文化由于汉通西域而大量涌入新疆,西方文化由波斯越帕米尔高原进入新疆南部。

言学"也是个工作概念,虽然学理内涵不明显但藉由语料的特殊性,随着深化研究,也有可能产生语言史或语言学方面规律性发现的理论表述(以概念的形式总结)。甚至像进化论中"自然选择"这样的概念,一开始也只是个工作概念。达尔文在《物种起源》的第四章这样说:

> 照字面讲,没有疑问,自然选择这一用语是不确切的;然而谁曾反对过化学家所说的各种元素有选择的亲和力呢? 严格地实在不能说一种酸选择了它愿意化合的那种盐基。有人说我把自然选择说成为一种动力或"神力";然而有谁反对过一位著者说万有引力控制着行星的运行呢? 每一个人都知道这种比喻的言同包含着什么意义;为了简单明了起见,这种名词几乎是必要的,还有,避免"自然"一字的拟人化是困难的;但我所谓的"自然"只是指许多自然法则的综合作用及其产物而言,而法则则是我们所确定的各种事物的因果关系。只要稍微熟习一下,这些肤浅的反对论调就会被忘在脑后了。

达尔文通过学科对比和对现象本质的深刻把握对批评自己的核心概念"自然选择"的说法进行反驳,让我们明白提出一个创新概念,其从诞生到被接受是有一个过程的,我们不能因为概念被人指摘而忽略它的解释力、覆盖面和对自己研究工作的引导性。

有时概念借用也是创新,不同学科术语可以转化借鉴,新学科创立也可以借鉴转化别的学科的术语和概念。在新领域借用别的学科的概念,也不见得要完全理解,"曲解"发挥,臆而能中,这都是学人思维常态,也是学界常态。欧洲人文学者常常讥笑美洲学者错解自己的概念却能大书特书。英国文化研究"伯明翰学派"的代表人物霍尔化用索绪尔符号学直接用《编码解码》来运思文化批评理论。乔姆斯基提出的原则(principle)和参数①(parameter)都不是新概念,但用于说明自己的普遍语法理论却有新内涵。"parameter"既是数学概念②,又是一

---

① 表示普遍语法规则及其限制条件的变量,变量只有在具体语言里才能确定。这与下文说的数学概念中的"可测算特征"具有一致性。原则与参数假说(Principles & Parameters Hypothesis)认为人的大脑/心智中包含一组普遍语法原则,为人类独有而且共有,它们决定了语言之间的共性。每个原则又装备有一套可变特征值(Parameters),随着儿童在语言获得过程中的接触到的语料做出相应的设定,由此触发语言间的差异。

② 统计学中指一个群体(population)的任何可以对本群体发生影响的可测算特征。

个广泛运用于现代理工科的术语,乔姆斯基用这个概念把自己的理论主张置于当代的科学范式体系中,便于被接受。再举一个具体研究的例子,马庆株有一篇文章《自主动词和非自主动词》(这篇文章是在1985年7月昆明"中国语言学会第三届年会"上宣读的论文。后发表于《中国语言学报》第3期,商务印书馆,1988年12月)写汉语动词的一种潜在类型,是受藏语的动词分类影响而做出的一个创新性工作。这种做法有一定普适性。这里涉及语法化的概念,语法化在两个层面使用,一个是历时的,一个是共时的。共时的就是在这种语言中将某个范畴形态化、语法化,而在另一种语言中却没有,这是一种对语义的、功能的语法化。这里的"没有",不一定是真的没有,可否在这种语言中潜在地存在呢?尤其是同一语系或语族的语言。马庆株发现汉语的非自主动词也有独特的句法表现,但是汉语没有把它形式化,这种研究思路值得借鉴。我们通过翻阅壮族、侗族、苗族、瑶族等少数民族语言以及一些非同系的语言,再去比较一下普通话里的情况,有可能发现更多的汉语隐形语法范畴。总之,以上这些例子印证了钱钟书在《管锥编》中说的话:"善运不亚首创,初无须词尽己出也。"胡适在《信心与反省》一文中的感慨也可以记取:"创造是一个最误人的名词,其实创造只是模仿到十足时的一点点新花样。"

从接受心理的角度来说,概念创新或命名在技巧上有时需要一种"陌生化"和新奇性。对于人们习以为常的术语,通过一个陌生化的过程,可以揭示对象一种不同的属性。实际上我们在语言学术语的建立过程中存在这种需求。例如,语言学词典有inventory,沈家煊译作"总藏",即某种语言学中某要素的总单或列表,刘丹青用其涵义特征命名"库藏类型学",新的含义是指特定语言系统或某一层级子系统所拥有的语言手段的总和,如语音、音系、形态、词库和句法手段等。通过这种学术赋值,把"inventory"变成新术语,产生一定的影响。还有一个问题就是要将自己的术语和周边学科的术语尽量达成一致。这也是学者整合时代的思想和理论条件去解决新问题的能力,是守正创新思维的自然结果。再比如,比较新鲜的概念"驴子句",其实就是句子之中包含了一个可以代词回指的量化词[1],由于最初的举例之中包含了"驴"这个单词,所以这样命名。在西方命名之中很多这种例子,在GRE词汇之中这种情况也很多。还有一种现象"名祖(eponym)",就是用人名来命名一个现象、规律、公式、问题等,如"斯本

---

[1] Donkey sentences are sentences that contain a certain type of anaphora, such as: a(Every farmer who owns a donkey beats it. b)Every police officer who arrested a murderer insulted him.

内现象（spoonerism）"等。"名祖"便于聚焦问题、鼓励个体创新。

概念命名既可以作为聚焦研究方向的指针，也可以作为研究过程的总结性概括。例如，《红楼梦》（《石头记》）这样的巨著不是一开始就定个名字去写，而只是按照大致方向去写，后来才定名的。乔姆斯基的唯理的句法学思想也不是一开始就那么明晰，只是按照逻辑共性那套范式做，最后才把自己的思想逐步附上笛卡尔等大师的理性传统。陈文新教授出了一本很有范畴创新性的文集叫《集部视野下的辞章谱系与诗学形态》，我问他是不是一开始就有"集部视野"的设计理念，他说没有，是后来想到的。这里面是偶然中的必然，新术语和概念创新有时是学术醒悟和升华的产物。

我们要了解概念创新的心理过程与操作性技巧。学了这么久的语言学、语法学，我们会觉得语言中有名词、动词、形容词这样的词类天经地义，直觉上不管是物理世界还是认知世界，这些词类的存在都有"合理性"。沈家煊在讲座中提到吕叔湘晚年时候的一段教诲：

> 要大破特破。……要把"词""动词""形容词""主语""宾语"等等暂时抛弃。可能以后还要捡起来，但这一抛一捡之间就有了变化，赋予这些名词术语的意义和价值就有所不同，对于原来不敢触动的一些条条框框就敢于动它一动了。[①]

吕叔湘这段话殷切郑重，提醒我们要打破陈规进行学术创新、概念创新是很难的，需要有大破大立的勇气。沈家煊后来提出的"名包动""主谓分离"等主张就是勇于大破特破、经历"一抛一捡"而产生的。在这些概念提出来之后，加深了我们对汉语个性和共性的理解。

下面零散举例，说明概念命名和创新的学术实践问题。

大家是否听过"句管控"这个术语？这是邢福义提出的术语，句子会对词和词组造成深刻的影响。例如，正常的"副"是一个非谓形容词，如果在"他副了多少年了。"这样的句子里就变了。用术语方便指称，我们可以说这个"副"是受句管控的。我们现在讲的术语，有些是为了指称和研究的方便。比如我在书里看到的"归总性数量研究"，这个术语可以指称"我总共30元钱""我一共给他30块钱""我一共花了200元""我一共买了3个杯子"。这样的句子，很多不同的结构

①吕叔湘：《语法研究中的破与立》，《吕叔湘全集》第十三卷第402-404页，2002年.

都可以并置研究。"总共""一共"是总括性副词,或者总括性名词可以暂时不管。在这种框架中还可以讨论双宾语和总括词的搭配问题,在归总性数量结构定名下方可聚焦研究。这是很巧妙研究方式,如果将来计算语言学进步了,算法和控制技术升级了,有了"归总性"本体的节点标注,机器就很容易能识别这种结构。

以后如果用归纳法进行研究,需要反复讨论一类现象,就必须给它一个名词,这就要考虑名词怎样选用比较好。例如,"新加坡使用的中源方言",很简洁地表达了语料是从中国来的。某越南留学生写过一篇论文关于"佛源成语研究","佛源"首先就界定了研究对象的来源属性。有的术语的产生可能是源于灵机一动,但是会引发新的研究。如敦煌文献语言研究类型很多,比如变文语法、俗字研究等。你们有没有听过"俗语法"①? 这个提法就很好,是黄征提出来的。这个术语的价值在于,我国古代语言中存在很特别的结构,搞不清楚时就说是有校勘问题或认为是外来语,但很可能就是方言里面存在结构的变异与扭曲。语法本身不存在俗和不俗,但是敦煌变文中出现了很多和那个时代典范的语体文不同的变化,称为"俗"未免不可。这个还是很新鲜的概念,举例来说,2008年10月4日上午,中央电视台中文国际频道播放残奥会开幕式《幕后人生》节目,一个老太太评价太阳鸟设计时说"真叫人漂亮",老太太的意思是:真让人感到漂亮。如果这句话隔了几百年相关信息丢失了,或许就算是彼时认为的俗语法了。

我们要研究一种格式——"越来越""随着V,越来越A"。例如,"随着智能手机的普及,移动学习就越来越火热了。""随着高铁、动车的运行,出门旅行的人就越来越多了。"这种格式可以继续往下写,可以探究它们之间的关系。如何用一个词来概括这种关系? 吕叔湘(1982)的《中国文法要略》将"越V越A"中V与A间的关系称为"倚变"或者"函数"关系,我们就可以用"倚变"关系来命名考察,这个术语是很贴切的:相倚而变化。很多学者都使用这个术语来写文章,探讨汉语倚变句式的演化、单用"越"字或不用"越"的倚变结构等。

"羡余现象(redundancy)"是20世纪80年代赵元任在著作中提到的,在当时是比较新鲜的概念,它被誉为20世纪关于自然语言本质的三大重要发现之一②。韩陈其教授就以羡余现象为中心做了大量研究。语言羡余性是和经济性相矛盾而存在的,是两个对立的范畴。从说话的角度来说,语言一定是经济性

---

① 例如"早已战他人力破""如何打他鞭耻"这样特殊的补语结构等。
② 语言的羡余性,语言的模糊性和语言的生成性被称为20世纪对自然语言本质的三大发现。

的,要求最简略。比如所有的语流音变,句法上的截搭、糅合,都是经济性的一种表现,从听者角度是需要羡余的。如果太经济,听话人的大脑就不能及时处理。在很多语篇之中,不管是书面语,还是口语,都有相当大的羡余空间。语言中总是存在冗余性的。在工程学上也存在冗余设计,什么是冗余设计呢?冗余设计是为了保持系统的运行,要在满足稳定要求的情况下额外设计一些环节和系统以备不虞。韩陈其关于羡余现象的研究成果后来结集为《汉语羡余现象研究》出版,这种关注一类概念现象的持续研究路数是值得效法的。

再举一个创设概念命题研究的例子。音韵学家鲁国尧在研究古代吴语的南北边界过程中读到北朝颜之推《颜氏家训·音辞篇》一段话:"南染吴越,北杂夷虏,皆有深弊,不可具论。"说"南染吴越,北杂夷虏",这是描写语音变化的。如何将这个作为一个论题去研究呢?他将其称为"颜之推谜题",并在《中国语文》分上①、下②篇发表。得出的结论是,西晋末年北方移民南徙至淮南与江南,其语言形成南朝通语,此南朝通语乃江淮方言之源,南朝通语之流并非现代吴方言。鲁国尧说他这是模仿了"钱学森之问"的命名方法,还借鉴生物学术语,创造了新名词"语言入侵",聚焦于语言接触变化的研究。

今天,我提一个新概念叫"类同增强"来解释汉语史上语言接触中相互影响的现象。在汉语史研究上,常有文章会说汉语向少数民族语言借词,少数民族语言向汉语借词,实际上里面通常是由一种语音要素的相同而触发的,谈不上相互的完全意义上的"借"。语言在接触过程中,特别喜欢强化相同或类似的成分,这或许是认知经济性使然,是触酶式增强,不是简单地互借。比如元朝汉语中名词、代词后面有复数形式"每",这在宋代有好几种写法,到了元朝写法才渐渐集中为"每",如果我们不注意就会认为是借阿尔泰语系的词,有的学者真是这样说的。其实,唐朝的时候汉语中就有了这种写法,写成"伟""弆"。元代蒙古语方言中也有一个复数形式是"m"结尾的,语言接触喜欢在相似的地方起作用,然后才开始泛化。比如,"这些寺院"在元朝白话碑汉语中说成"这的每寺院每",限定词和修饰的中心名词要有复数标记的一致性,这看起来确实是受到阿尔泰语言影响,但"每"这个音作复数标记是汉语固有成分,在与蒙古语接触过程中,因共有"m"音,就被强化了、功能泛化了。在接触之中,类同增强是一种类似于化学反应中酶的催化效应,那种相似成分大致可以叫"催化剂"。不了解这

---

① 鲁国尧."颜之推谜题"及其半解(上).中国语文,2002,(06).

② 鲁国尧."颜之推谜题"及其半解(下).中国语文,2003,(02).

个规律,就会误判语言接触的影响面。比如有人说中古时期汉语的四声节律是受到梵语的影响而形成的,这显然是不靠谱的。假设知道有这个"类同增强"的概念,我们在观察语言接触现象时就会特别小心。再比如,"喝"这个例子,"喝"原来是喝斥、恐吓的意思,也指骂人,不用于指今天"饮用流质的食物"这个义项。今天这个义项在宋代都极少,到了元朝渐渐增多。但旧义项仍有影响力,即使是在《红楼梦》里面仍然多用"饮",说"喝茶""喝水"很少。为什么后来都变成"喝水""喝稀饭"这种喝呢? 实际上也可能是一种类同增强现象。元朝阿尔泰语系中有同"喝"声音相近的词且表示饮用流质东西的意思,这就把这个"喝"强化了,改变汉语中"喝"与宾语搭配组合的权重。记得在一次会议见到一篇非常好的研究常用词"喝"演变的文章,数据非常丰富,但作者没能解释元代以后"喝水"这种"喝"激增现象产生的原因。

术语和概念是主观认知成果,不一定真的和对象世界环环紧扣。不是说提出新的学术术语、概念就可叫作创新,但是创新总是脱离不了概念——不管是修正前人的观点,还是提出新的东西,或者改变前人概念的内涵和外延,其总是和术语、概念的形式紧密相关的,所以它就是一个观察视角。我们这讲讨论的目的是要树立创新术语的意识,终极目标是切实提高创新性研究语言的能力。唐本忠《概念创新是科学追求的圣杯》中的一段话值得玩味:"中国现已成为全球科学界的一支重要力量,这得归功于中国科学家过去数10年的不懈努力。中国每年发表大量的论文,然而,庞大的数字并不等于强大的影响。中国应从科技大国向科技强国进军。实现这一目标,我们必须力求质量而不能仅满足于数量。在诸多决定研究质量的因素中,概念创新(Conceptual Novelty)占据决定性的地位。历史证明,新的概念可以引领新的发展潮流、开辟新的研究领域。革命性的观念可以改变我们的思维模式,甚至改变我们的生活方式。"[①]

思考题

1.谈谈你对语言学界提出的字本位、词本位和小句中枢观点的看法。

2.自主提出学术概念应注意哪些因素?

3.术语与语言学理论创新有什么关系?

---

① 该文英文版标题为"Conceptual Novelty: the Holy Grail of Scientific Pursuit",于2017年4月8日发表在《国家科学评论》(National Science Review,NSR)。NSR是科学出版社旗下期刊,与牛津大学出版社联合出版。

第七讲　类比与直觉

　　《荀子·正名》："凡同类同情者，其天官之意物也同，故比方之疑似而通。是所以共其约名以相期也。"可见，古人已探索类比思维的本质。类推和隐喻是语言学专业术语，与思维领域的类比、直觉有关，与心理联觉、联想机制有关。本节主要讲语言学理论思维的一般机制，并不侧重于历史语言学术语"类推"和认知语言学的隐喻理论。类比思维被视为追求概念的经济性和便于习得的结果，隐喻可以归入这种思维总机制中。本讲是在默认理性思维、逻辑思维作为基本的科学思维前提下，讨论关涉的直觉和形象思维。因为后者在理论探索的认知启动和升华过程中的重要作用容易被忽视，故而专题讨论之。

　　类比与直觉的心理操作有相当的重合。我们来看一下与类比和直觉密切相关的词是怎么发生关系的。类比常用动词"像"来表达，直觉则是直接看到名词"像"。像，似也。事物静态动态有很大的相关性，又有区别。比如像、想象、什么东西像什么，是一个心理操作，操作的结果是静态的像，然后再延及其他心理过程。事物之间相像的心理操作是隐喻（metaphor），隐喻作为一种系统思维方式在现代认知心理学、认知语言学中是广为认可的，它来源于人类最直接的类比思维机制。很多人讨论创新思维、创新活动，也讨论创新思维的形式，比如类比思维、联想思维、直觉思维、灵感思维、求异思维等。除了求异思维与这讲内容的关联不是很紧密，其他的都有关系。这些词之间有没有区别？一定是有区别的，但关联肯定大于区别。说到类比，历史比较语言学领域"类推"与此有关。历史比较语言学中提到类推变化，其本义是语言自己在类推、在变化。而事实上,这是一种类比认知机制在驱动。人的主体性被隐去,就说类推是语言变化的机制;溯源的话,一定会倒推到人的认知机制那里,在人的认知中、交际中及其与自然的适应性中找到最终解释。如果用"类推"指称思维机制,是很好的词(字面意义就是类比推理),但被语言学术语"类推"占用了,所以就选择"类比"(隐含类推、比对、比拟、比喻或隐喻的意味),而心理学界大都用"类比"。[英]罗素(1983)《人类的知识》中把类推看作一种重要的公设,它对人类知识的衍生发挥基础作用。

现代认知心理学研究认为类比(analogy)思维是获得创造力的一个关键途径,它涉及把一套观念结构对应到另一套观念中去。关于类比与创造力的研究最著名的是关于放射治疗与将军攻城的类比研究。"放射治疗"和"将军攻城"在表面上看来风马牛不相及,但解决方法有共通之处,故有关二者描述的隐喻词汇和句子多有类似,如都要目标明确(靶向药精准)、化整为零、急缓有度,又从不同方位同时发动进攻,等等。我们认为,类比是人类的一般的心理认知机制,其基础与视觉世界时空中关联的物体和现象的连类而及紧密相关。这个世界空间相连、时间相续,看到这个事物联想到那个事物是非常自然的。从事物方面看是如此,从事件关系看也是如此,从这个事件到那个事件,这种过渡是在视觉领域类推过去的,然后到抽象领域,类比人类认知世界的最基本方式,然后在此基础上不断地升华。

以上是关于类比思维的基本想法。最近才看到[美]侯世达和[法]桑德尔的《表象与本质:类比,思考之源和思维之火》(2018)的系统论述类比思维的心理学专著,大家可以深入阅读。该书基本观点是:"如若没有概念,就没有思维;而没有类比,概念就无从谈起。"类比是范畴化背后的机制,而范畴化又是思维的强大动力。通过类比,我们将更深刻地透过表象理解事物的本质,也能够将传统的理论发展成一个新的理论。类比是人类思维创造性的体现。作者从类比及范畴化的视角揭示形成认知心理现象的本质。著名进化心理学家哈佛大学教授斯蒂芬·平克评价该书说:"我和许多认知科学家一样,相信类比是解释人类智能的关键。"确实,本书揭示了智能的本质:智能是一种技艺,它能迅速而可靠地抓住重点、击中要害、一针见血、一语中的。它让人在面临新的环境时,迅疾而准确地定位到长期记忆中的某个或一系列具有洞见的先例,这恰好也就是抓住新环境要害的能力。其实就是找到与新环境近似的事件,也就是建立强大而有用的类比。这与[M]爱德华·威尔逊的《知识大融通:21世纪的科学与人文》(2016)的智能观不谋而合:科学和人文艺术是由同一台纺织机编织出来的;

我们可以从基因进化到现代文化这整个悠久的历史中,看到有关这台纺织机的起源、本质,以及人类处境的一般诠释。这种融通的因果诠释,使得每一个单独的心智能够快速而正确地从共同心智的某部分前进到另一部分。

谈到直觉(intuition),如果作为一种思维方式,很多情况下是和形象思维紧密联系的,不是靠语词的反应与推理。形象思维和视觉器官有关。通过知觉有一个很复杂的推理过程,而形象思维是直观地观察到这种现象,直接认识某一种现象、认识到某种现象和某种现象的关联。这与上面说的类比思维也发生关系,类比思维的基础也是视觉上把握对象的相似之处,类比机制的操作能造成新关系的发现,这种认知"涌现"现象在某个环节上看起来是偶然的,实际上是经由类比认知积累的必然结果。例如,德国化学家凯库勒为了寻求苯的分子结构式,花了12年时间没结果,某天做了个梦,看到蛇咬着尾巴跳舞,便悟到了苯的分子式。你可以认为这里面有类推的成分,也有隐喻的成分,也可以说是直觉。在这个世界上它们是整合在一起的,我们只是关心学术创新本身,我们将这些词集中在一起讨论的目的是希望大家聚焦这方面的问题。

这一讲的内容分为三部分,一部分讲实例,一部分讨论类比和直觉的心理、神经机制,最后再讨论如何训练我们这方面的思维。

1.应用举例

汉语学界"音法"这个词以前很少有人用。朱晓农在《音法演化——发声活动》(2012)提出:"'音法'是个新名词,但既然有'语法''句法''词法',多个'音法'不但不离谱,像是很应该。"这是讲的名称问题。这么多年学界只考虑语音的组配规则研究,没人想过要编什么名称来指称。能这样类比造名,首先要对这个学科有深入的研究,能够觉察到术语空缺和不对称的麻烦而勇于提出新概念。再如黄廖本的《现代汉语》(1991年增订本)教材,根据主语和谓语、定语状语和中心语类推,造出此前没有的"动语"以与宾语相对而称。这种类比创制是比较简单的一种形式。乔姆斯基的语段论(phase)未必不是模仿到物理学的相变(phase)概念(故可翻译为"语相")、印世海模仿拓扑学提出"概念拓扑同化论"等。李葆嘉教授说,他的结构观、功能观、认知观以及信息论、系统论、耗散论,再如运筹学、协同论、图示法,就是从木匠技艺中领悟的。自嘲而不无自豪地说"我的语言理论方法就是木匠理论方法"。

我们要学会用类比建立系统思想的方法。很多哲学家的思想体系都是以类比思维中的隐喻建立起来的,从18世纪机械唯物主义者拉美特里《人是机器》

到当代诺依曼《计算机与人脑》模拟神经系统处理方法，再到系统论、控制论，都是建立在隐喻思维基础之上的。古代的柏拉图，他的思想主要是建立在隐喻基础之上的。柏拉图四大隐喻之一的"洞穴隐喻"就是说：将囚徒一生关在一个地方。外面有火把，也有声音。他听到的声音和火光都可以映射过来，但他只能站在这个地方面对着墙壁。囚徒们一生中唯一实实在在所感觉或得到的经验就是这些影子和回声。在此情况下，他们自然而然地会以为这些影子和回声成了全部的现实，他们能够谈论的，就是这种"现实"以及对这种"现实"的经验。他们会认为这种现实是很实在的。他的意思是，人们的生理、心理是有一定限度的，我们也可能就是一种囚徒，只是我们不知道。对这则隐喻，我的理解不是很深刻，但是很能让我们反思。如果没有这则隐喻，他的思想就没有根底了，整个理论也就站不起来。

哲学家、科学家似乎都擅长使用隐喻类比来说明、建构思想。数学家陈省身谈到流形（这个几何拓扑研究中的基本对象）时，曾打趣说："流形的切丛像个男人，余切丛像个女人"。在陈省身的眼里，余切丛要远比切丛来得丰富多彩。再比如，爱因斯坦相对论的思想因子是在其16岁的时候就知道了。他那时候想，如果和光一起飞行会是什么样的结果，就很直觉地感触到相对论的独特时空。这种非常强烈的感觉就会引导他沿着正确的方向去求解问题。爱因斯坦反思自己的思想过程非常深刻，完全达到哲人的高度。他曾经论述直觉思维，说自己的思维就是视觉性的、肌动性的，是在很准确的意象基础之上再去推理、再去进行数学操作的。有人总结爱因斯坦的得失，说他后期搞统一场论时沉溺在复杂的公式之中，目标就不那么明晰，最终也就失败了，所以直觉思维非常重要。诺贝尔物理学奖的获得者唐纳德·格拉泽找到探测基本粒子的方法也是类比思维创新的结果："我喝啤酒的时候发现，拿起来一摇啤酒就冒气泡。啤酒冒气泡的原因是啤酒有气体过饱和地溶解在液体中间。一旦条件有变化，马上气体就从溶解状态析出来变成气泡。如果我拿高度挥发的液体放在观察室里用高压，在高压跟低温下它保持液态，基本粒子只要一进到液体中间，液体经过的那个地方电荷就会发生变化。因为热力学的相变，马上就可以形成很多气泡。看这一堆气泡，就知道这基本粒子出现了。"

我们现在讲一个很具体的语言学的例子，比如大家熟悉的王士元的词汇扩散理论①。如果大家追索一下这个理论的历史,会发现它的提出是基于汉语方言数据库的统计,但这没有告诉我们王士元理论创新的思维特征、思想动力。我们现在虽然接触大量的数据库,仍然离不开直观的类比思维,否则的话就没有理论探讨的必要了。即使是在大数据时代,大数据本身也无法给出任何知识性的东西,通过算法和可视化操作之后得出的数据模式,仍需要进一步的解读,这里就要动用类比、直觉以及其他的理论思维资源了。我们来看看王士元的说法②:

> Wittgenstein 也给语言做过一个很有名的比喻,而且有意义得多。他说语言就像一座古城,有很多不同时代的建筑,有新铺的笔直的大马路,也有早期的羊肠小道;有世代定居在此的原住民,也有刚刚迁入的新移民;有新近完工的高楼大厦,也有多次翻修的老房子。四十多年前思索语言变迁的问题时,我们提出的词汇扩散理论就受到这个比喻的影响,因为一个语言的历史变化中,有不同时代的纵向传递和横向传递,全都杂在一个系统里,很像一座古城。

从这里就能够看出他当时理论创新中动用的直观类比的思维机制。直观的好处是让你工作的性质非常明晰,方向确定无疑。

再比如,罗志野(2009)写的《语言的力量:语言力学探索》一书,用力学特征和规则类比语言的使用,按照力学的原则提出互换、平等、合适这些原则。他写作起因是直观感觉现实生活中很多冲突都是由于语言矛盾产生的。在物理世界打压你,你的肉体会受到伤害,然后再延及心理上受到的伤害。在语言上面,就是恶语伤人六月寒,心理受到伤害很可能延及到肉体上受到伤害,比如,胃溃疡就是生气和消化不良产生的这种影响。这本书就是从这个角度出发,别有匠心。这本书的缺点在于语言学行话术语用得少,整体理论表述不够严谨。但是这种切入点很好,自成一说。我们不一定要用语言力学这个名词,但是一定要借鉴人家建构这种理论体系的方式。这应该是一个有代表性的案例。

---

① 词汇扩散,指语音演变在词汇方面逐步发生的演变过程和结果。它是一种认为语音演变在语言内部扩展的假设,它认为语音演变先开始于少数几个词,然后逐渐向可能出现此种演变的词扩展(通过准类推法而广之)。这种观点由方言地理学提出"每个词皆有自己的演变史",以反对青年语法学派所持的语音演变思想,并在20世纪60年代中得到了大力宣传。

② 王士元.语言、演化与大脑.北京:商务印书馆.2011:75—76.

类比、直觉和形象思维密切相关,文学艺术和美学中"美"的概念与审美活动也与形象思维有关,这我们不奇怪。但是,我们常常发现理工类科学家们也喜欢谈"美",并且认为是美,是美的对称和失衡引导他们探索并发现数理和物理世界的规律和秘密。这就让我们不禁反思,类比、直觉、想象和美感对科学、对语言科学理论探索的重要性了。

彭加勒对直觉在数学发现中的作用进行了具体分析。他指出:

> 我们面前有无数条可供选择的道路。逻辑可以告诉我们走这条路或那条路保证不会遇到任何障碍,但是它不能告诉哪一条道路能引导我们到达目的地。为此,必须从远处瞭望目标,而教导我们瞭望的本领是直觉。没有直觉,数学家便会像这样一个作家:他只是按语法写诗,但是却毫无思想。

他还指出:

> 与逻辑(推理)的抽象性相反,直觉常常与形象思维相联系,而且,这种形象思维的一个重要特点就是它的综合性,这就是说,此时呈现在人们头脑之中的是一幅整体性的图像,尽管它的某些细节可能是模糊的。①

法国著名数学家阿达玛就曾明确指出:"科学美感,这种特殊的美感,是我们必须信任的向导。因为惟有美感能预示将来的研究结果是否会富有成果。"②另外,著名数学家、非标准分析的创建者亚伯拉罕·鲁滨孙也曾写道:"这是一个事实,就是组织起来的纯粹数学的世界在很大程度上是由我们关于数学美及纯粹数学重要性的含糊的直觉来调整的。"③彭加勒就曾说过:"搞算术,就如搞几何,或搞任何别的科学,需要某种与纯逻辑不同的东西。为了表述这个某种东西,我们没有更好的字眼,只能用'直觉'一词。"④这也就是说,直觉是"从事科学

---

① 出自彭加勒(1902)《科学与假设》。转引自陶伯华、朱亚燕著《灵感学引论》,辽宁人民出版社,1987年版,第140页.

② 转引自"知乎"网站网文《物理解题中"直觉思维"的妙用》.

③ 转引自杜月昇著《个人知识的增进与市场经济的演化》,中国经济出版社,2004版.

④ 转引自陈克艰《拾荒者言》,华中师范大学出版社,2001年版,第71页.

发现所需要的与纯逻辑不同的某种东西"。我们统计郑毓信(2006)主编的《数学方法论入门》一书,其中有129处提及"直觉"。蒋志萍、汪文贤(2011)《数学思维方法》提及"直觉"101次,"类比"181次(不含40次的"联想")。数学是自然科学之中比较严谨的,和我们的直观比较远的,但是里面就是这么多讲直觉的,可见其重要性。直觉心理活动之重要还可以从心理学词汇量上比较,我们统计过一个44 784条词目的英汉心理学词库,"直觉"构成33词,"类比"17词,可见心理学中直觉之重要。

顺便谈谈传统的"象思维"。"象思维",或曰"象数思维",与西方概念的理性思维不同,是一种动态整体的悟性思维。今天看来,我们认为"象"无"数"难推,"数"无"象"难解。这是需要大家警醒的。下面主要谈"象"。近年来韩陈其教授对此多有研究,他说:"象思维,既是一种朴素的原始思维,又是一种活跃的悟性思维——即所谓创造性思维。象思维的思维过程,依据'观象''取象''立象'的顺序而渐次展开。因此也可以说,象思维是一种观象思维,是一种取象思维,是一种携'象'而行的立象思维。"①李开(2010)《汉语语学义理举实》提到中国传统语学和思维中的名和象,其中的象就是形象,事物的象似就是隐喻,这个是密切关联的。在中国古代,象是很重要的范畴。从哲学角度来看,它是一个思维范畴。《说文解字》:"像,象也。""象,似也。"《易经·系辞》:"在天成象,在地成形。"王弼注:"象,比况。象况日月星辰,形况山川草木。"日月星辰组合在一起既有正常的天象模式,也有各种怪异的模式。然后我们通过观象来思维,来比况人世。李开认为,古人观象是很深刻的,绝不仅仅看到一点矛盾、形象就了事了。《易经·系辞》说:"圣人有以见天下之赜,而拟诸其形容,像其物宜,是故谓之象。圣人有以见天下之动,而观其会通,以行其典礼,系辞焉以断其吉凶,是故谓之爻。"这段话深层含义可能是说圣人先从"像"中悟出"上天"示下的深刻道理,然后把所悟仍以像的方式传递出去。《易经·系辞》:"圣人立象以尽意"《野性的思维》的作者克洛德·列维-斯特劳斯看了翻译的《史记》,慨叹原来世界上还存在这种思维,这激发他探索原始思维规律的动力。还有谶纬之学②,你可以批判它的不科学,但是其中比况想象、隐喻推断也是人类思维规律的一般反映。当古人在探索世界的时候,他们没有近现代科学的各种探索手段,只能基于类

---

① 转引自韩陈其2019年在新疆大学文学院所作的"言意象"的报告。已蒙韩先生慨允引用.

②《说文解字》云:"谶,验也。有征验之书,河洛所出书,曰谶。"谶常常附有图,亦称为图谶。纬,与经相应,是对经文作神秘解读。谶纬学在两汉之际成为改朝换代的舆论工具。

比和联想式的概括、整合。不管是原始的五行思维,还是其他的原始思维,都是人类的一种认知努力,都是有价值的传统资源。例如,汉代语言文字学名著《释名》在探索音义关系时,也使用象思维、类比思维,虽然不见得找到系统的发生学音义关系,但大方向是对的。如果你很好地掌握它的主旨,就能从中吸取一些对我们理论思考有帮助的东西。

我们反思一下,我们应从古书之中挖掘更多资源来丰富今天的理论研究。我们要向传统要资源,就是这些思维的资源。这些资源都是珍贵的,我们还没有很好地把它概括提炼出来。如果把这些东西都概括出来,就能更好地解决我们今天有关形象思维、创新思维的理论问题。李开老师是研究逻辑的,他善于从哲学的、逻辑的高度来研究语言学史。同样的论文集,李开老师的论文集题目就很特别:《汉语语学义理举实》,"义理"是显示其高度,"举实"是实证(墨子的逻辑概念)。这本书中的研究对象,既有语言的,也有语言学的,也有语言研究的,如果没有传统语言学史修养和理论驾驭能力,书名都不能起得这么好。这就是向传统要资源。

今天我们能够说的话,大部分古人都说过了,我们要思考的是选用什么样的词来表述今天的现象,这就是向传统要资源,这样才有一种传承的厚重感。上一讲提到的术语创造,我们一定要学会先向传统学习。钱钟书的《管锥编》中有很多实例。关于类比、直觉等思维规律,他研究得非常深。他的例证很多,有很多关于隐喻的细节知识,实际上就是关于思维方法的精深探讨。看这本书可能会想,"象"思维或许是中国古代根本的思维特征。但我们知道人类思维有共有的机制,那么隐喻式的象思维也可以有,只不过程度、取向可能有所不同。亚里士多德提出:"每个人的思想都需要有画面,对于会思想的灵魂而言,影像取代了直接的知觉。当灵魂确认,或者否定这些影像是好或者不好,就会予以规避或者追随,所以灵魂的思想绝不可能没有一幅心灵图像。"[①]对于形象的思维判断,古今中外的哲人都有所论述。有一本书叫《视觉思维》[②],从书名看像是心理学家写的,实际上写这本书的是一位美学家,是研究审美心理的。作者感觉到视觉思维非常重要,就收集了大量的材料说明视觉和审美思维的密切关系。书中有一句话很好:"艺术活动确实是理性活动的一种形式,其中知觉思维错综交合。通过对知觉,尤其是视知觉的研究之后,我深深地懂得感观理解周围环

---

① 转引自阿尔维托·曼古埃尔所著《意象地图》,中国台湾商务出版社,2002年版,第9页.

② 鲁道夫·阿思海姆. 视觉思维. 北京:光明日报出版社,1986.

境时所涉及的典型机制,与思维心理学中所描写的那种作用机制,极为相同。反过来,大量证据表明,在任何一个认识领域中,真正的创造性思维活动都是通过意象进行的。"意象的启发很直观,是我们思考的动因,也常常决定我们思考的效能。即使在音韵学或音系学这样看起来和语义不那么直接相关的学科里也能发挥作用。比如语音学家能从音韵结构完型的美感或对称性中预测一个音的存在或演化趋势。乔姆斯基《论自然与语言》包括计算机的隐喻、生物学的隐喻。他给《现代语言学丛书》写的序中首先就提到了生物学的隐喻,他说人类语言是一个cognitive system,为什么这么说呢? 从人类,到高级动物,甚至到昆虫,都有和外界沟通信息、处理信息的机制。只不过语言是人的"cognitive system"而已。当然,要建构以"cognitive system"为基础的一种语言学理论,需要展开很多细节性研究。

2.内部机制

类比和直觉对理论思维很重要,它们有没有心理、生理的内部机制呢? 我们虽然不能就此作深入的研究,但能通过相关资讯的融汇理解建立起对直觉思维的坚定信心。

王士元谈到过镜像神经系统,与此有关:

> 这种神经叫作 mirror neuron system(镜像神经系统),十几年前意大利的 Giacomo Rizzolatti 在他的实验室里发现的。他们发现,猴子大脑当中有一部分,当它用手去拿花生、香蕉的时候,那部分的神经元会有动作。有一次那只猴子坐在那,自己完全没有动手,只看见别人在用手拿果子,它这个神经系统就也发放了。因为好像是一种镜子一样,所以叫作镜像神经系统。"[1]

观察、模仿外界同类活动是生物进化来的一种本能,攸关个体的生存。20世纪80年代以前,我们不知道模仿学习是可以在神经水平操作的,以为模仿是一种心理活动,而不是现在认识的在神经元水平的非自主行为,也就是说我们天生就会比拟、模仿。这个认识的价值在于,既然视觉观导致直接模仿,我们就应顺势而为,强化我们这方面的天性,而不是逆势而动。这种神经元的存在也

---

① 王士元.语言、演化与大脑.北京:商务印书馆.2011:81.

强化了人类物种的协同注意，并为音义系统的结合生成真正的语言起到助推器作用。

说类比和直觉是更为基本的感官智能也是可以的。20世纪70年代，皮亚杰批评乔姆斯基的"天赋固有核"(innate fixed nucleus)时就指出："如果我们不是在天生的意义上，而是在基于感官运动智能(sensorimotor intelligence)建构的意义上，我们就可以接受'天赋固有核'的假设；感官运动智能先于语言，并且来自于决定语言后成(epigenesis)的有机体和行为自组织。通过感官运动智能，我们得到的是一种对于固有核的非天生的解释，这种解释已经为布朗(Brown)、莱恩博格(Lenneberg)以及麦克尼尔(David McNeill)所接受。"[①]认知科学家司马贺大概同时期也认识到人类问题的解决过程受短时记忆的限制，受计算能力的限制，而类比和直觉思维启动恰恰没有认知加工的负担，但却可以沟通短时和长时记忆，因而特定领域的学者和艺术家可以运用这个机制获得创新性认知成果。

一项研究发现，正确而巧妙的措辞能激活大脑的感应中心。研究人员发现比喻能让大脑中感应触摸的部分活跃起来。神经学家设置了一个触摸实验，先让大学生去区分不同的纹理，同时用功能性磁共振成像扫描大脑；然后在扫描大脑的同时让学生听一段比喻句和对应的非比喻句，如"他乳臭未干。(He is wet behind the ears.)""他天真。(he is naive.)"。他们发现第一句话激活了顶叶脑区。看来，比喻思维有独特的机制。《科学》杂志(2016-06-25)的一篇论文认为："人类的触觉会以隐喻的方式影响到我们更高的社会认知过程。简单的触觉经验会下意识地影响人们有关不相干的人和处境的印象和决定。这听起来有点像是蝴蝶效应。研究小组通过简单操控受试者所接触到的物体的重量、硬度或粗糙程度，发现能够使他们的受试者在不相干领域所作出的社会判断和行为发生偏差。例如，使用重的物体会使受试者感到其所应对的东西似乎比较重要，触摸粗糙的物体可使受试者相信社交性互动比较困难；感觉坚硬的物体会让受试者感受到某种谈判的难度。"

"模因"说是颗粒度较大的解释机制，它既可以说明隐喻创新，也可以说明隐喻的机制。其神经机制仍然是镜像神经元的作用。基因是"gene"，模因"meme"是仿词，意为文化基因。模因是可模仿的很小单位，如果动词化是模仿，名词化就是模因，这种东西是不停地复制传播的。写过《自私的基因》英国

---

① 孟伟.身体、情境与认知：涉身认知及其哲学探索.北京：中国社会科学出版社,2015.

动物学家 R. Dawkings 在 20 世纪七八十年代创造"meme",《牛津英语词典》收录这个词,解释是"An element of culture that may be considered to be passed on by non-genetic means, especially by imitation."即"一种通过非遗传方式,特别是模仿,而传递文化的因素。"苏珊·布莱克摩尔(Susan Blackmore)1999 年的《谜米机器》(*The Meme Machine*)用此解释人类语言起源问题,认为"meme"改变了基因选择的环境,导致人脑容量激增。语言当中很多新词新语的传播也靠模因机制。时尚和流行文化也可以用"meme"解释,比如,不同时代的衣服有不同的款式,一年一季也可以有新款,"款"的特征就是一个"meme"。"meme"让尖头皮鞋、喇叭裤、分装头等流行一时。最近造句秀"待我长发及腰……"也是一个"meme"。有的"meme"会盛行很长时间,有的只能存活一小段时间。

3. 训练方法

最后从操作层面简单说明如何训练类比与直觉思维。

只要收集很多成功的与类比、直觉思维相关的案例并参照学习就能找到方法。更为重要的是,一定要及时抓住自己头脑中的意象以及直觉想法。应充分认识到自己对于学术的每一次类比和闪念都是认知进步的标志,尽可能记录、思考、强化,以刻意训练对现象与解释、事实与理论的循环提升能力。张载说:"心中有所开,即便札记,不思则还塞之矣。"灵感来了,不抓住就会飞走①。赵元任(1980)《中国话的文法》中的不少巧妙例子就是平时灵机一动收集来的。这种例子看似随意,却是主体长期思考、长期类比思维的自然成果,所以更有价值。赵元任用"猫把花盆没打碎"来说明想好和没想好的句子,就是来自和妻子的日常对话。李敖说他家中到处都有纸笔,就是为了记录灵感。1981 年诺贝尔化学奖得主福井谦一在《学问的创造》(2000)一书中介绍,自己在床头放置随手可拿的纸笔来记录关于化学实验方案设计的灵感。福井谦一将学者的纸笔比作武士的刀剑,是必须随身携带、触手可及的。其实,汉代哲学家王充早就这样做了,他写《论衡》时,"闭门潜思,绝庆吊之礼,户牖墙壁各置刀笔",这种方法使《论衡》原创性思想远超同代侪辈。不停地强化思维的火花、直觉的闪念就能导向丰硕的果实。不管从事艺术、还是科学(语言科学),要训练自己的直觉都需要主动与自然事实"沉浸式"地亲密接触,正如福井谦一所说:"直感是不依据逻辑思维的选择。在科学的认识中,给科学创新以巨大影响的是,直接地、如实地

---

① 南朝梁·钟嵘《诗品·卷下·齐谐暨令袁嘏》:"我诗有生气,须人捉着,不尔便飞去。"

给予我们的真实感受，也就是不依据思维加工的直感。使自己沉浸在大自然中，切实地接触它，感觉它的本来面目，就可以丰富科学的直感。"[①]

直觉思维的本质，我们还不太清楚。现代工具让我们有机会了解直觉思维某些神经机制。磁共振成像显示，在心流状态下，大脑变得平静，反射区的成像颜色变淡。在这个时候，思考者可能对任何事情都没有清楚的意识。也许是直觉，也许是幻觉，也许是一种如梦初醒的感觉，灵感被拉近了，最后终于降临。这就是著名的"Eureka! moment"[②]。我们虽然不能控制这个时刻的来临，但是可以创造条件让这种时刻更多地发生，例如，数学家丘成桐在其自传中说他常常找物理学者当博士后或助手，借以掌握物理学的最新进展，让思想能于物理和数学相交的领域中驰骋。

思考题

1. 类比思维对语言研究有什么价值？
2. 如何利用直觉服务于语言研究？
3. 如何训练类比思维和直觉能力？

① 福井谦一. 学问的创造. 上海：生活·读书·新知三联书店，1998.
② 意为"发现时刻"。据传，阿基米德在洗澡时发现浮力原理，高兴得来不及穿上裤子，跑到街上大喊："Eureka!"（"我找到了！"）

第八讲　竞争性发现

竞争性发现,也叫多重发现、同时发现,是科学研究领域的常见现象。当两位或两位以上的科学家或发明家提出同一种理论,发现相似的现象或者发明、设计出同类的仪器装置时,就产生了竞争性发现。爱因斯坦所说:"要是没有我发现相对论,也会有别人发现的,因为问题已经成熟了。"①默顿通过对科学史上竞争性发现的考察,认为竞争性发现是科学发现的主导模式,所有单一发现都是潜在的竞争性发现,并进一步认为科学发现归功于文化积累的成熟。但科学共同体,或者个人或者集体地,仍然大量抵制对竞争性发现存在的承认。这种抵制根植于对个人的独创性和发明创造能力的种种错误设想上。了解这种科学发现规律,可以促进语言学理论思维能力的培养,服务于学术创新的根本目标。

在一次计算机科学家讲座上,听他们用"多重发现"这个术语,说的是在计算语言学领域,大家可能不约而同地得出一个相同的观点。这种情况有人叫同时发现,我们用"竞争性发现"。语言学家以前经常用竞争性解释(competitive explanation)来说明语言现象的多种解读,这种趋异解释不是我们说的"竞争性发现"。我们说的是学术创新、理论创新活动中带有规律性的现象。科学史上发现权之争,不管是出于当事人还是后人评论,不管是态度上的善意互鉴还是言辞上针尖麦芒,都屡见不鲜,耳熟能详的如达尔文和华莱士之于进化论、莱布

① 转引自秦关根节译苏联国立技术理论书籍出版社1956年版《爱因斯坦和近代物理学》.

尼茨和牛顿之于微积分、胡克和牛顿之于万有引力、海森堡和薛定谔之于量子力学、迪茨和赫斯之于大陆板块形成的"海底扩张说"等等。这些争论通常也不都是两个人之间的事，而时代学术群体发现趋势中两类代表而已。这不得不让我们反思，在科学的探索中主体首创精神固然重要，而群体知识积累的背景也很重要，当你谨守或洋洋得意于某个独得之秘时，大自然往往也赐给同代其他人一把打开宝藏的钥匙。这种现象在文科就更盛了，当"创新"概念和术语泛滥的时候，大家要小心到底什么是货真价实的"竞争性发现"，什么是缺少洞见的概念游戏。

在语言学领域，你关心语法语音的结合问题、我关注语法和认知结合的问题，张三着意神经语言学、李四究心语言的演化，关注点差不多的人得到同时代的理论和材料也是差不多的，虽然能仁智互见，但也很可能导致竞争性发现。比如王士元教授，他关注遗传，你也关注遗传；他喜欢读神经学文献，你也喜欢读；他觉得镜像神经元有作用，你也觉得镜像神经元有作用；他觉得演化很重要，你也觉得演化很重要；他认为演化要和田野调查相结合，你也认为要和田野调查相结合；他认为语言是一个适应性复杂系统，你也认为语言是一个适应性复杂系统……而你这样做完全是出于兴趣、判断和学术积累并不是学着他去这样想、这样做的；这样，就很可能导致学术观点和创新成果的类同，当然幸运的话，你也可能超过他，作出真正的学术创新，即便不能创新什么，但在探索道路上更能体会到与他不同的地方，更能洞察真正的创新。跟王士元比是这样，跟乔姆斯基这样的理论巨人比也是这样。乔姆斯基觉得最简原则、递归算法和生物语言学进路很重要，你也可能平行地觉察到，而且这三样看起来很独创的理论主张，分散到每个专项的已有人类智识中，你都不会觉得有任何惊讶，而且反而会觉得乔姆斯基似乎研究得还很不够、还没人家深入[1]。由于各自的知识积累和受到的方法论训练不同，最终成果的表现形态仍然不会一样。同样做演化，你可能有传统小学音义资源数据库，他可能用最新的模拟现实方法；同样是面对语言的经济性，你可能在人类适应性进化的频率感知角度有妙思，他可能在递归算法的理论设计角度有创新。所以了解竞争性发现，最终是服务于表达自己真正具有竞争力的创新思维。

---

①可参读［美］乔治·K.齐夫《最省力原则——人类行为生态学导论》，该书是关于省力原则和相关最简机制周翔阐释的鸿篇巨制，在关于"最简"本质和机制细节上完全可以覆盖乔姆斯基关于语言"最简性"的任何描述。而乔姆斯基似乎也没有引用早于他理论建构时间的这部名作。

在自然科学史中,通常某个时段会出现新思想的追赶角逐、精彩纷呈和高潮迭起的现象。如果你看量子力学学术史,就会发现在一个理论快成型的时候,多重发现的态势就很明显,那些最顶尖的科学家能安之若素地一起争议、交流,不怕谁偷谁的点子,大家都明白某一次争论可能激发出理论突破并获得巨大荣誉,但探究真理的热情和激动盖过了自私自利的心理,没人把想法藏着掖着,这正是科学探索的魅力和理论进步的动力。理工科交流还比较自由,反正谁想到了并验证了就是谁有发明权、发现权。文科可能还达不到这个程度,至少很多"独创性"观点缺少学术共同体统一认可。文科,有时候概念都不统一,你编一个概念,他创一个说法,或大同小异,或判若云泥。语言学领域稍好一些,但大家承认的竞争性发现仍然不多,这反而是学科不成熟的表现,成熟学科的理论创新应该经常伴有竞争性发现。

我的意思是这样提醒大家和自勉,当我们在自己的研究领域有一个很好的想法时,首先要想到这是否可能与别人撞车了,争取找到这些被不同概念包裹的类似的想法,并逐步发现自己可能贡献的份额。语言学的创新得用很多的实证材料去归纳,归纳是逻辑演绎推不出来的。那怕像成语连用这种现象的分类,你如何预测它的若干类型呢?你只能预测同义、等义、类义等关系,但是里面还有一些其他层次的结构功能类型,还有音义节律的底层制约关系等,是需要归纳总结和理论思辩才能分清的。

我们这一讲的目的是提升大家对理论竞争的敏感性,增强反省意识。不要以为自己独步天下,很可能你身边的人就有更好的想法,这个时候就要善于把别人的东西借鉴过来,"转益多师",使自己的"idea"更好,至少超过大多数人才能得出有竞争性的发现。要注意时代背景和学术条件,以及条件日新月异的变化,要思考如何在竞争态势中做出最有代表性的成果。当学术条件成熟时,这种成熟通常表现为学科知识积累、科学技术进步、新材料与新问题呈现等,这样会催生新理论的诞生。而敏感和富有创新精神的学者都会抓住这样的时代条件,所以科学史上的弄潮儿都会参与角逐新发现的桂冠。例如,在进化论理论形成过程中洪堡、华莱士、海克尔、拉马克、施莱歇尔都或早或晚产生明晰的进化观念。明清以来以声音通训诂的理念,不止是顾炎武、钱大昕、戴震、王氏父子、段玉裁等具有,还有像沈增植这样(深刻影响王国维的学术思想)很少被语言学史关注的学人也有深刻洞见。所以,要宏观把握科学大势,不要故步自封、顾盼自雄,要加强学习反思,磨砺时代赋予的思维之剑。

关注一下最近几年诺贝尔奖情况就能发现,之前每年获奖都是一个人,最多两个人,现在经常会有三个人。三个人经常还是不够的,但颁奖规则限制只能奖三个。单次获奖人的国籍也多样化了,日本的和美国的、或者荷兰的和英国的,2021年诺贝尔物理学奖获得者就是意大利、德国、美国(日裔)的。这表明当代科研合作越来越普遍,科学领域的竞争性发现也会越来越多。在当代学术条件下,拿我们语言学来讲,当学术条件和学术理念基本一致的时候,我们学理认知框架可能是差不多的。我希望大家调整自己的知识结构,尽量了解语言学内部分科研究进展和相关跨学科领域的发展概貌。一个正确的判断是由"博"而"约",做"专"才能做到最好。由博返约、知微见著的文章,可能初看起来很朴实、很专门、很简陋,但运思和结论的普遍意义与价值却非同小可。比如,朱德熙为什么要写"的"? 写了为什么又能独步当时? 因为人家经常读 Science、Nature,了解国外科学动态和语言学动态,有问题意识。人家是在研究名词短语的学术规划中战略性地选择"的"的。同样是在那个时代,我们可能也不会把"的"作为课题。今天,你看别人做一个很小的课题,但是这个课题后面可能有很大的战略规划。如果你没有办法把自己拉到别人的框架中,拉到学术共同体的生态中去,就不能与时俱进。

现在从两个方面再介绍竞争性发现,一个是技术类的,一个是科学类的。这两个领域的竞争性发现案例最具典型性。

1.技术手段方面

电灯的发明权在世界科技史上就有3个国家5位科学家争夺,都获得不同方面的认可,这是鲜活的例子。雷达的发现也颇具传奇色彩。1939年初的一天,德国工程师罗森施泰因在实验中发现,利用偶极子可以抵消雷达发射的电波,从而将飞行物"隐形"起来,随之他提出了制造干扰对方的新式电子武器的构想。罗森施泰因的这一发现被迅速上报给德军最高统帅部,时任空军元帅戈林又惊又喜。原来,英国海空军的侦察系统令不可一世的德国空军大丢面子,惊天动地的"不列颠空战"就因德军无法对抗英军的雷达系统,而使入侵英国的"海狮"计划搁浅。如果能干扰英军的雷达,无异于挖掉了对方的眼睛。可戈林转念又想,如果这一新技术被英军侦获就会殃及自身。他犹豫再三,最后决定将这一重要发明藏匿起来,并下命令烧毁所有关于偶极子的技术报告。戈林的掩耳盗铃,在战场上受到了惩罚。几乎同时,英国科学家也发现了与罗森施泰因相似的现象,英军据此很快制造出了一种代号为"月亮"的电子装置,并在1943年7月27日对汉堡的大空袭中,将这一电子装备用于实战,给德军以沉重的打击。

可见,战场上的主动权往往属于创新技术应用的捷足先登者,谁无视技术的创新,谁将受到严厉的惩罚。这是从军事角度来说的,其实此类现象很多,"密不示人"不是根本竞争方法。对于语言学研究来说,这个案例的教训还在于:进行理论创新和科学发现的过程中,必须有"敌情意识"、竞争意识,不能老是陶醉于自己"独创"的想法,要及时发布自己的科研成果。

此前我们说过科学发现中的偶然性,知道时代发现的必然通常以偶然形式出现。我们也强调了一句话:偶然性不是不可控制的,有经验的研究者能够创造条件让偶然性反复出现,不是做梦的时候出现,就是碰到某本书某段话时出现,总是会出现的。你不知道偶然性什么时候来袭,但是可以把偶然性约束在某个范围之内让它反复出现。为什么二战的时候创造了很多新式武器呢?因为大家在那段时间都集中思考应对相同的战争需求问题,由于时代的科技知识积累达到了一定程度,很多条件都具备了,各种大胆的创意与试错不断展开,随时都可能激发新的发现。

2.科学理论方面

回顾和展望科学发展历程与趋势,科学理论的竞争性发现是一种典型现象。其根本原因在于人类文明和文化的演化具有继承性,人类认知心理具有共性,个体理论创新能力受制于时代的知识水平和技术条件。所以面对竞争性发现不仅仅是鉴别谁具有优先性的问题,而在于揭示其中的"同中之异"并从人类整体受益的角度去审视。在确实的竞争性发现中,由于发现者们的论证方式、解释精密度、发表渠道、材料的充分性稍有不同,都可能导致不同的结局。简要说明如下:

(1)表述方式不同

我们举一些不同类型的例子来说一说科学理论方面的竞争性发现,它们看起来像不同的发现,而实际上是一个性质的两类表征。例子与海森堡有关,大家都知道他是量子力学的创始人。在量子力学理论建构过程中,海森堡提出矩阵力学理论,与薛定谔的波动力学针锋相对。由于海森堡的矩阵运算过于繁难,人们更倾向于解波动方程。然而是海森堡最先悟到量子力学的基本原理,可以说和薛定谔打了个平手。可是经过薛定谔在旅馆里数日彻夜不眠的计算后,居然证明了两种表述是等价的。他和海森堡两个人就像用两个民族的语言描绘一件事一样。

　　语言学领域这种情况也不少,因为在理论描述上不是用严谨的数学公式,引发的竞争性发现的争执可能更明显。有时可能互不相让而指摘别人抄袭自己。例如,在中西语言演化和类型上,有"分析性"和"综合性"两类或两类演化趋势,这在形式派那里叫大参数,黄正德教授有不少文章的立意在此。而这两种类型分类的基本样貌,在早期的洪堡或格林伯格那里已经存在了,在新近的类型学派和一般描写派那里也是常用的,只不过论证形式、推演过程方面有所不同而已,不能说是相互抄袭。

　　要把一个语言现象和道理说清楚,或者提出一个语言学理论,通常既要有语言内部音义结构关系的说明,也要用语言外的事实和学理阐述,合在一起才能表述清楚。到最后谁的可以被广泛接受,就看通俗度、易理解度、周详与严密度等等。

(2)严密程度、解释能力和材料充分性不同

　　提起质能方程 $E=mc^2$,懂物理的人都会对它敬仰三分,因为这是被誉为爱因斯坦最伟大的发现,是制造原子弹的理论基础。但是,查询史料,我们会发现,爱因斯坦只是运用了质能方程来阐释质能关系,而这个方程最先提出者并非爱因斯坦。1900年,物理学家亨利·庞加莱最先提出:运动的电磁场是物质,拥有一定质量 m,该质量与电磁场能量有关系式 $m=E/c^2$。这个公式如果逆运算过来就是质能方程。1903年,意大利人 Delinto De Pretto 在他的论文中正式提出了 $E=mc^2$ 方程,然而他并没有用来解释质能关系。而真正完整地提出该方程的推理以及该方程的"质能"含义还是要属1905年阿尔伯特·爱因斯坦。但归根结底,质能方程式确实不是爱因斯坦最先推导出来的。

　　有一则英文材料专门讨论这个,意思也是说爱因斯坦对此增加了一种新的解释,是稍微增加一些,把这个东西解释得更清楚了。之前还有,比如更早的探索文章出现过 $E=3/4mc^2$,在科学史上这种发现是很有意义的。从发现角度看不亚于那个质能关系式。但是解释的深度、精密度,哪怕增加一点点,那一点点才是最重要的。

　　竞争性发现中还涉及科学中的恩怨,很多人是在别人的基础上向前走了一点儿,但是你好像只看到他走的那一点,其他都看不到,有的是被遮蔽住了。比如说爱因斯坦的那个例子,我不相信他是这样的人,当然我没有细致地去考察。学术、科学乃至一般知识交流过程中的"扬己抑人",于个人、家族或民族都是常

见的"人性"现象,不管是无意还是有意的。包括 $E=mc^2$ 这个例子,甚至牛顿被苹果砸后悟出引力的经典案例[①]都可能有这种因素。从人类整体的知识传承积累和创新角度看,某人某集团"偷"了前人或同代人的点子作出新贡献或改进了别人的点子,都是可以理解的;从学术规范、道德伦理角度看,我们受到别人思想的启发产生新想法或者消化前人别人的想法而重新表述,都是要严格分清知识版权的。但正如上面所述"人性"现象,人们往往忘记自己是在吸收别人思想上发展起来的,往往高估自己的"学术"或者"知识"的贡献,你说是荣誉感使然或者虚荣感作祟都行,心理学的归因理论也证明这一点。所以,我们要警醒自己,同时对学术的争议在"理解之同情"基础上,细究思想真正来源再"百尺竿头更进一步"。

再举个例子,我手上的这本书《协调心理学与控制论》[②],作者是罗马尼亚的医生和神经科学家斯特凡·奥多布莱扎。他写这本书的主要目的是想争回自己对控制论的发现权。谈及控制论,如果去模拟计算机程序是很容易得出控制论的观点的,而计算机模拟的是人脑。如果想从理论上探究控制论乃至系统论,一个神经科医生去模仿人脑一定能够得出更细节的范畴,一定比仅从模仿计算机要看得深。也就是说从知识结构看,奥多布莱扎医生是具备创设控制论条件的。看到这本书的人一定会承认,他对控制论有很精到的见解。米海·高卢在该书的导言中说:

> 根据科学发展现阶段已达水平,如果比较一下这两部著作,即我们的同胞奥多布莱扎的《协调心理学》和维纳的《控制论》,我们可以看到:第一部比第二部为我们提供了更多的关于"控制和通讯过程"(反馈的调节作用)的资料和观点,尽管第二部书的标题为《控制论》。
>
> 因此,我们认为,奥多布莱扎在本书提出的论点是确凿有据的,即控制论概念的第一种变体出现于1938年,它是由《协调心理学》阐明了的。对于一种完整的控制论,《协调心理学》所欠缺的是信息概念。这里,我们不能赞同作者的意见,说这是一种"神秘的""理想主义的"概念,没有比这更混乱的了,除了材料和能量的经典概念,它没有带来任

---

① 明朝1627年出版的王徵的《奇器图说》第四款对重力(地心引力)的定义:"重何物? 每体直下,必欲到地心者是。"

② 斯特凡·奥多布莱扎.协调心理学与控制论.北京:商务印书馆.1997:11-12.

何新东西。相反,它的引入更加促进了辩证唯物主义宇宙观,使之更加完善。

另外,我们也不认为维纳提出的"控制论"一词——已成为我们今天的日常用语——在表达由控制论和通讯的棱镜所透析的新的研究方法的实质时,是含糊不清、故弄玄虚和无法理解的,而他所提出的"协调心理学"一词就更加适合。相反,我们应该承认,第一个术语比第二个合适,因为它没有加上一个具有其他含义的附加词,如"心理学"而使人理解为旧有的词义。

对于奥多布莱扎医生所表示的不理解和不满意,我们也有同感,即他于1938年发表的《协调心理学》在国际上广泛传播,而维纳在1948年的著作中却不曾提及,在他后来撰写的关于控制论的基本原理一书中也未曾提及。

在科学史上,两个或更多的互不相干的人,甚至在不同的时间,各自获取同样的发现的事例,是屡见不鲜的。在这种情况下,首要的问题就是确定发明的优先权或所有权属于谁。在我们面前的问题也是这样:以系统的形式提出反馈(控制和通讯)调节过程的普遍理论的功绩,优先权应该归于谁?

通过我们简单的介绍,通过浏览本书,可以得到明确的结论,即奥多布莱扎于1938年出版的《协调心理学》是研究普遍控制论的一部基础著作。因此,在分析理论控制论产生的历史沿革时,这部著作必须置于1948年维纳书前。

这是比较有回旋的说法,对我们的启发是什么呢?这里面存在的问题是,匈牙利是一个小国家,当时那本书还不是英文写的,影响就很有限。奥多布莱扎和维纳同时出席过国际会议,维纳一定是了解他的观点的,这是毫无疑问的。维纳处在一个科学资源利用比较充足的世界,更容易建构与学术共同体对接的新思想。另外还有一个问题,书评人高卢刚才讲得很好,维纳有信息的观念,他加入了新的范式。就像我们刚才讨论的,我为什么要求大家领略当代的科学范式。范式不同就是两个世界,差别很大的,你们将来就会发现。

这个里面确实,维纳有个新的范式、新的问题、新科学的意识。这对我们的教训就是:辛苦的劳动和创造不一定能赢得相应的荣誉。例如,一对民族语言学家夫妇在讲座中交流说:"我们刚调查一个东西,自己都没深思熟虑,一会儿就被美国的萨加尔拿去了,用在他的新理论里面了。"略带微怨、惋惜和自豪的味道。有些田野工作者,找到一点新的语言事实而不能挖掘其理论意义,也就是说有矿却不能深加工而产生附加值,这一点如果想不透,就会觉得比较憋屈。这种憋屈就是由于缺少现代的、世界的眼光,理论素养不够造成的。虽然你做了很艰苦的工作,但是人家稍微一变,就变成别的东西了。学术界里面有很多抄袭争议案。所谓的抄袭,偷窃。这其中就涉及,有的是真的偷窃,毫无创意的偷窃;有的也不能完全叫作偷窃,介于偷和不偷之间,我是用了你的东西,但是我里面有推陈出新,你不能说是完全偷你的。有两种态度,有的人会老老实实说你有那个东西,有的人干脆不提你的。维纳那个争端里面,维纳确实有新东西,但丝毫不提奥多布莱扎就属于学术不端了。在心理上,他完全可以放下身价引用一下的,但是他没有这样做。当时大家没有看出来,但是隔了几年、十几年之后,大家就看出来了,但是看出来了也没有用了,人家已经名扬天下了,格局也是那样了。但这种事情在今天就没那么幸运了。

(3)权威影响

同样都是新发现、新观点,由于诉诸权威,权威影响、权威掠夺导致影响不同,在科学史上是常见的。例如,通常提到的无线电,有物理常识的人都认为是科学家古列尔莫·马可尼发明的。然而,从真正的历史上来看,马可尼并不是无线电的发明者,只是从某种意义上改进了无线电而已,而真正发明无线电的应当是尼古拉·特斯拉。1893 年,特斯拉在美国密苏里州圣路易斯首次公开展示了他的无线电通信。他在为"费城富兰克林学院"以及全国电灯协会做的报告中,描述并演示了无线电通信的基本原理,他所制作的仪器包含电子管发明之前无线电系统的所有基本要素。特斯拉还于 1897 年获得了无线电技术的专利。然而,美国专利局于 1904 年将其专利权撤销,转而授予马可尼发明无线电的专利。这一举动可能是受到马可尼在美国的经济后盾人物,包括托马斯·阿尔瓦·爱迪生,安德鲁·卡耐基影响的结果。科学史上,尼古拉·特斯拉与著名发明家托马斯·阿尔瓦·爱迪生有过很深的矛盾。他们俩为争取直、交流电曾经引发"电流大战",因而有些人认为,美国收回专利甚至或许是爱迪生的报复。到了1909 年,马可尼和卡尔·费迪南德·布劳恩由于"发明无线电报的贡献"获得诺贝尔物理学奖,这就使马可尼顺理成章地成为无线电的发明者。然而 1943 年,在特斯拉去世后不久,美国政府重新承认了特斯拉 1897 年的专利,这再次引发了争论。但是,至今为止,无线电的发明者依然被公认为马可尼,虽然大家心里都知道是特斯拉发明的。爱迪生虽然是伟大的发明家,但是他的嫉妒心很强。他声称所有的创意都是偷,只是我会偷,你不会偷。这是他的名言。他有很强的行动能力,他本质上不是一个学者。特斯拉是一个心灵很干净的人,他从来没有和别人争什么。他有两次发明诉讼,还是别人看不下去帮他弄的,他从来没想去诉讼别人。

现在,大多数人都认为万有引力是大物理学家艾萨克·牛顿发现的。然而,最初,"万有引力"一词出自于英国科学家罗伯特·胡克。1660年,罗伯特·胡克首次发表了他的万有引力理论,在该理论中,他认为任何物体之间都具有引力,并且认为这些具有万有引力的行星大多是球形星体,他还做了一系列的实验来证明地球重力的存在,这是人类第一次提出万有引力。据说牛顿在这时也对胡克的理论进行研究。刚开始,牛顿和胡克之间并没有什么矛盾,但是后来由于胡克在光学和万有引力理论之间和牛顿的理论有冲突,以至于他们两个人的关系逐渐恶化。1687年,牛顿酝酿多年的科学巨著《自然哲学的数学原理》出版,在这本书中他全面概括了有关万有引力、微积分等设想,并计算出了行星的相关数据。胡克知道之后,认为这严重抄袭了他的发现。据说,当时连著名的天文学家、哈雷彗星的发现者埃德蒙·哈雷都看不下去了,曾劝阻牛顿,但被牛顿拒绝。随着这本著作的名气越来越大,万有引力也顺势成为了牛顿的"发现",并延续误解至今。但是有科学家揭露了这一史实。据报道说,从史料来看,当时牛顿任英国皇家学会主席,为了掩盖胡克最先发现万有引力的事实,牛顿销毁了胡克的所有资料,连他的画像也不放过。

一些科技史著作论及学术不端行为时也讲到了牛顿。牛顿当时是有权威的,他伪造了一些数据使得他的结论更加严密。当时整个国家都是听他的,他就利用这种权威把自己的影响扩大。当然"不端"的程度如何,须学术史家细细甄别。

再举一些科学史上"名实"不符的例子。此处"实"是美恶不嫌同名,既指真才实学的"实",又指实际利益的"实"。

2008年,日本科学家小林诚、益川敏英和美国科学家南部阳一郎因为"发现对称性破缺的来源,并预测了至少三大类夸克在自然界中的存在"获得诺贝尔物理学奖。意大利物理学会对小林诚、益川敏英两人提出了质疑,他们称"诺贝尔奖被日本偷走了",学会为这两人的研究奠定理论基础的罗马大学教授尼古拉·卡比博没有获此殊荣深感不平。另外,建造"大型强子对撞机(LHC)"的欧洲粒子物理实验室(CERN)的研究人员也表示了同样的质疑。小林诚和益川敏英在 1973 年提出了"小林-益川理论",认为构成基本粒子的夸克至少有6种,且可以相互转化。而卡比博早在 1963 年就提出了作为该理论基础的设想。之所以会出现这样的纠纷,是因为诺贝尔奖有个不成文的规定,每个奖项的获奖人数不能超过3个。

有的时候诺贝尔奖评奖的时候要牺牲一两个人的。再举一个中国的例子:

杨振宁有次接受采访时回忆称,1956年他与李政道发现的宇称不守恒定律,在美籍华人著名物理学家、哥伦比亚大学的研究员吴健雄1957年的实验中得到证实,引起科学界的震荡,同年杨振宁、李政道成为首获诺贝尔奖的华人科学家,而吴健雄却被诺贝尔奖排除在外。有两个流传的说法是:1957年的诺贝尔奖获奖者必须在那年2月1日以前被提名,而且提名时文章必须发表。吴健雄的文章恰好发表于2月之后,因为时间限制不能得奖。另一个说法是诺贝尔奖有个不成文的规定,每个奖项的获奖人数不能超过3个,倘若吴健雄与杨振宁、李政道分享该奖,那和她一道做实验的那位同伴也应获奖,人数就变成了4个,不符合规矩。

人生总是有遗憾的。今天我们讲了在探索科学的道路上如何面对名利的问题。钱钟书《管锥编》第四册的一些话可以供大家思考:"世间事物多有名而无实,人情每因名之既有而附会实之非无。"①大部分情况是有名而无实的,或没那么实。这是人性中的一个弱点,反思一下每个人都或多或少有点这种情况。当你反思的时候会变得更坚强。走入社会会发现,社会就是这样。后现代说英雄没了,这不是英雄的问题,是我们对英雄寄寓过多的标签。

钱钟书就看得很透,他从来不认为自己是大师,这是真正的读书人,从来都看淡名利。他把这种道理说得很明白,他什么看不懂呢? 都能看得懂,看得透。他以为,事物的"名"(受人尊崇)"实"(造诣深)常常是不能相符的。

> 班固《与弟超书》:"实亦艺由己立,名自人成。"章学诚《乙卯札记》称"此八字千古名言"。《文史通义》内篇三《缄名》畅论:"实至而名归,自然之理也,非必然之事也。则章氏亦知'己立'者未必'人成'。且章氏又未尝不知名之成非尽由于艺之立也。世推章氏史学,余不贤识小,心赏尚别有在。学问文章之起家树誉,每缘巧取强致,行事与《阴符经》《鬼谷子》《计然策》冥契焉。大盗不操戈矛,善贾无假财货。仲

---

① 钱钟书.管锥编.北京:中华书局.1985:1217.

长统《昌言》下："天下学士有三奸焉：实不知，佯不言，一也；窃他人之记，以成己说，二也；受无名者移知者，三也。"(《全后汉文》卷八九)。至章氏而弹究殊相，奸之有"三"，遂自实数可稽进而为虚数不可执矣。章氏于并时胜流指名而斥者，戴震、袁枚、汪中三人也；《儒林外史》金和《跋》谓匡超人即影射汪中。窃谓《文史通义》中《书朱、陆篇后》《黠陋》《所见》《横通》《诗话》《读〈史通〉》诸篇于学人文士之欺世饰伪、沽名养望、脱空为幻诸方便解数，条分件系，烛幽抉隐，不啻铸鼎以象，燃犀以照。(《管锥编》四一"全后汉文卷二五")

"实不知，佯不言"。有个老师告诫我，你工作的时候永远不要说不知道，不懂的也最好不要去问自己的同事，这就是上述一"奸"。我们不必"佯不言"，因为古训还有"不耻下问""三人行必有我师"。其他，总以"不掩人善"为根本。

讨论这么多竞争性发现对我们语言研究有什么启发呢？做语言研究最理想的状态是我们提出问题、发现问题、解决问题，一定要利用语言学里面所有的养分。在任何一点上，都要带有全球、全面、普遍的视野。我们就拿训诂举例，你做同源词的分类统计，在解释的充分性上甚至可以涉及大脑词库、语言演化的适应性复杂系统，在学理最深层次去找"竞争性发现"时或许能独步当时、或许有人捷足先登。考证一个汉语词"阿滥堆"，到《突厥语大辞典》中去反而能得到更多的线索。在材料和理论思辩上有突破，就不怕学术撞车，也不用担心什么"竞争性发现"，竞争只能带来更高级的认知。我们的做法可以是从外围向里面挤，也可以是从里面向外围延伸。例如，你本来研究句法的，研究《抱朴子》中的复句，从这个小点必须向外扩展，必然涉及篇章语言学、涉及语篇的连贯、涉及各种语义语用关系。必须把所有的条件都用上，研究才能够有境界，而不是让别人把你的发现整合进去。在学术竞争的大环境中，对自己研究的唯一性和独特性要警惕。

我们在学习研究过程中，要珍视自己的学术直觉和灵感，相信现在自己已有的学术积累的每一点都将发挥作用。"日知其所亡，月无忘其所能"，学过的东西不要把它扔了。天下所有的知识都有用，曾经学过的东西就要利用起来，将来都会有帮助的。

我们研究语言科学，在理论创新过程中要有敏感性。我们提出自己的观点和理论很可能有竞争说法，最好相信一定有一个会挑战你的人。你需要做的就是怎样对自己的观点加密论证。例如，以前鲁国尧提出过明朝的基础方言是南京话,主要证据来自利玛窦日记中记录的找会讲南京官话的小男孩学语言的例子。他晚年继续和丁邦新讨论,又从英国、美国、日本获得很多证据,证明南京话是明朝官话基础方言。这是值得我们学习的。我们提出的观点首先要认真论证,如果没有被推翻,就要加密论证,然后就能在竞争中立于不败之地。既然重大理论突破的竞争性发现是科学常态,那么就要注意纷然杂陈的观点中一致性的东西,瞄准少量真正代表当代语言学理论思维水平的学说,这样才有可能做到真正的学术创新。

思考题

1.课外查找一些科学史上竞争性发现的案例并做简要评述。

2.科学理论的竞争性发现有哪些形态?

3.学术权威对语言学理论创新有什么影响?

第九讲　跨学科方法

　　运用跨学科方法研究语言涉及语言学创新研究的基本理念。这个理念就是：最大限度利用当今时代提供的所有学术条件解决前人不能解决的问题、提出新问题、探索新领域。也就是要利用最新工具、最新数据、最新理论以及相关学科最新知识，以现代科学发展为总背景，开创新的研究领域和研究范式，解决这个时代条件业已具备的最新、最适切的问题。这是最高境界、最高要求，是一个理想，不见得每个人都要达到、都能达到，但"法乎其上，仅得乎中"，有这个观念很有必要。没有这样的追求，就可能忽视所选课题的前沿性和挑战性，就不重视学习和借鉴相关学科的发展，而这正是语言学研究创新的关键。通常，较好地解决一个老问题和提出新问题都会涉及一个"跨"字，"跨"是交叉、"跨"须综合、"跨"要借鉴、"跨"能创新。

　　跨学科借鉴是一种学术实践，是知识生产和知识构建的一种方式。当代自然科学和社会人文科学领域普遍存在跨学科研究态势，学者们的跨学科意识都很强，但在跨学科研究水平上差异很大。理论上，在最高水平上的行业高手那里可以分层达到几乎所有学科的统一认识乃至大统一理论，虽然认识的颗粒度和反哺专业研究的成效可能略有差别。目前而言，语言学内部都很难"跨"，尤其生成派和功能认知派。各派的出色专家似乎都有点看不上对方的意味，说是歧视也不为过，这种歧视不仅见诸公开的学术研讨和私下议论，也见诸各类专业期刊的正式批评。现在明显的学术难题，如主谓分离、名动包含、生成词库建模、句法构词、语境计算等都不是单一理论模式可以彻底解决的。语言学与外部学科"跨"似乎比内部跨得容易些,因为互补性强也没有理论上学派上的偏见。陆俭明告诫我们要"开拓性思考",就是既要在本学科领域不断开拓新的分支领域,同时要跨学科不断开拓交叉性学科。

站在一个学科看跨学科话题要有对象意识、目标意识、服务意识。要明确你搞跨学科、思考跨学科是为语言学理论服务还是应用服务? 是为其他学科的理论服务还是应用服务? 还是要搞出具有独特目标和独立研究内容新的交叉学科? 还是纯粹思考普遍的跨学科方法? 还是仅仅观察跨学科的现象和关系? 还是基于任务型的跨学科团队攻关? 这些问题可以作为反思的点。我们以跨学科方法服务于语言研究为主要目的。另外,试图通过类比举证和扼要介绍展示跨学科语言研究的必要性、说明跨学科学习意识、方法论意识培养的重要性。咱们分三个方面来说明:

1.跨学科研究是语言学内在禀赋

为什么这么说呢? 现代语言学自诞生伊始就具有鲜明的跨学科属性。例如,现代语言学和符号学几乎就是同时同体产生的,它们相互覆盖,都能渗透到广阔的学术领域。语言学家和符号学家都认识到人类创立的精神文化是建立在符号基础上的,符号能力是人特有能力和最重要的能力之一,人是符号的动物(如卡西尔等),语言和符号是揭秘人类精神世界的密码。语言(或曰符号)所表征的认知成果细大不捐地渗透到人类文明的各个领域。语言学的推动和嫁接,产生了结构主义的文学批评、艺术理论和流行文化(如罗兰·巴特)研究等。现代的生成语言学思想和理论就是在把人脑当作计算机的隐喻基础上建立起来的,该学说的发展目前主张生物语言学范式,要求句法设计的最简计算模式与生物演化的事实相匹配,对这种本体语言学理论的学习本身就要有跨学科的视野。现代的认知功能语言学理论主张的范畴化、语块构式、像似性、可别度领前等规律无不与认知科学、认知心理学紧密相关。其他还有演化语言学、互动语言学、韵律语言学等内部语言学都有跨学科性质。所以语言学是一个与时俱进的学科,这是学科内在的要求。不管语言学是符号系统,还是认知系统,它都和整个学科是密切相关的。

以上说的是本体语言学,众多前加限定语的"语言学"也是语言学跨学科禀赋的突出显现。例如,认知语言学、神经语言学、计算语言学、法律语言学、教育语言学、新闻语言学、文化语言学、文学语言学、人类语言学、儿童语言学、病理语言学、生态语言学、食物语言学、建筑语言学、视觉语言学、政治语言学、宇宙语言学(外星语言学)等。还有一些不是用语言学命名的,但也是语言学的跨学科研究。比如语言教学研究,看起来是只是教语言的,但是涉及教育学、心理学、还与神经、习得、社会、科技等各个方面的因素有关。吴会芹(2012)《语言研究的跨学科视角:语言、大脑与记忆》一书中提到MIT的语言学项目围绕语言学热点问题的系列专题研讨。这是基于任务的跨学科研究样式。该书首先从跨学科视角介绍了MIT的语言学项目,然后分别从生物语言学、神经语言学、脑科学、计算语言学、语言哲学、语言记忆心理学等多个视角介绍了当今西方语言学跨学科发展的最新动向,其内容几乎涵盖了所有与语言学相关的边缘学科。陈平(2020)指出:"问题导向、应用导向引领多学科、跨学科合作,渐趋成为当代大学和研究机构的主流模式。大学和研究机构在院系调整、学科设置、研究经费分配等方面也持续向交叉学科和应用研究方向移动。"

2.作为一种趋势和必然的跨学科研究

路甬祥院士指出:"学科交叉是'学科际'或'跨学科'研究活动,其结果导致的知识体系构成了交叉科学。自然界的各种现象之间本来就是一个相互联系的有机整体,人类社会也是自然界的一部分,因而人类对于自然界的认识所形成的科学知识体系也必然就具有整体化的特征。科学史表明,科学经历了综合、分化、再综合的过程。现代科学则既高度分化又高度综合,而交叉科学又集分化与综合于一体,实现了科学的整体化。"[①]语言学家陆俭明也强调:"科学发展的大趋势是各学科越来越相互渗透,相互融合,相互交叉。如果大家只是闷头在本学科内单一地进行研究,可能会使自己的研究逐渐被边缘化。今后语言研究必须朝着'语言学+'的发展模式往前走。"[②]

要做"语言学+",首先要关注跨学科态势。大量的学科在当代都在做跨学科,跨学科的英语术语是Interdisciplinary,还有一个叫Interdisciplinarity,有人翻译为学科互涉,我手头这本译作《跨越边界——知识 学科 学科互涉》[③]就是专门谈论这个概念的书。学科互涉(Interdisciplinarity)作为学科发展的重大趋势之一,也是学术知识生产的一个重要机制。学科互涉使得知识和方法互借现象

---

① 路甬祥《学科交叉与交叉科学的意义》,来自国家自然科学基金委网站(2021-12-15)。

② 赵世举等.语言学与人工智能空学科对话.北京:中国社会科学出版社.2021:序P4.

③ 朱丽·汤普森·克莱恩著,姜智芹译.跨越边界——知识 学科 学科互涉.南京:南京大学出版社.2005.

频繁,学科之间的边界日益变得模糊,并逐渐形成混杂的局面、长期的学术互涉活动有利于实现多学科知识的整合,从而诞生许多新兴的互涉学科(Interdiscipline)。诚如控制论创始人维纳在其《控制论·序言》中所说:"在科学的发展上可以得到最大收获的领域是各种已经建立起来的部门之间的被忽视的无人区"。不在学科互涉的背景下就看不到这样一种局面。

另一种情况,在所谓知识爆炸时代,专业分工越来越细,这种"细"有时是整合其他学科的结果,所以从"分"的角度看,确实有分的倾向,从"综"角度看,学科也在大整合大融通。从个体的知识积累和学术创新角度看,综合能力越强,通识能力越高,分科的小方向研究就越精,反过来,小的越精尖,大的整合能力、创新能力也越强。人类历史上早期的知识多是混合的,没有现今复杂精细的学科划分。比如早期语言学是并在哲学、经学、博物学里面的。像晋代的学者郭璞,你可以说他是天文学家、是生物学家、是地理学家、是社会学家,甚至是动物学家、建筑学家,当然更是语文学家,看看他的《尔雅注》就明白了。在明、清仍能看到这样的通才,如方以智、戴震等。我们古代是通过经书和经书的阐释与自然探索联系在一起的,后来分科了,越来越细。细到爱因斯坦说的"物理学每个小分支都能消耗我的一生"。而细到一定程度就需要整合、需要融通。当代很多学科的内部和学科之间也正呈现不同层次的融通趋势。《知识大融通》作者爱德华·威尔逊(2016)对此深有体验:"宇宙内的已知系统中,最复杂的是生物系统,而所有生物现象中,最复杂的是人类的心灵。如果大脑和心灵在本质上是生物现象,那么我们必须仰赖生物科学,才能圆满结合所有的学术分支,上至人文学科,下至自然科学。生物学内的各个领域现在已经大致融通,而且程度上逐年增长,因为这个事实,结合各学科的任务也变得较容易些。"根据这段话,大家就不难理解为什么乔姆斯基晚年力主生物语言学的研究进路了,生物语言学的范式有当代学科融通的背景。

语言学界沈家煊先生很重视当代综合性研究,并作了相关思考,他在阐释语言现象时也经常引用这方面的成果。那么,综合性研究和分科研究这两种模式怎样协调起来呢?有没有什么学习策略呢?我们认为,可以通过最小单位、核心概念、研究方法、顶层理念的追踪并辅之以我们上面说的类比思维、逻辑推理,再进行整体运思,庶几有望作出新的发现。我们之前津津乐道搞一行爱一行,说某某是做方言的、做晋语的、做副词的、做类型学、做上古的等等,这都没问题,问题是有人只承认此类局域性模式,你跨一点就说你不务正业,别的专业来跨一点就说人家不是科班出身。说别人不是科班出身,就意味其专业基础不牢靠,这都是固化思维。DNA双螺旋结构发现者沃森和克里克两个人都不是科班生物学专业出身却作出20世纪最伟大科学的生命科学大发现,靠的是知识储备、触类旁通以及正确的直觉信念。跨专业的发现、发明很多,对学术的促进很大,这几年的诺贝尔自然科学奖多为跨学科研究成果。普林斯顿高等研究院的爱德华·威腾教授,是菲尔兹奖获得者,是当今最有影响的理论物理学家,可是他的本科专业是历史学和语言学。按照中国人的教育观念,这种人是不大可能有机会深入学习数学物理的,不仅教育体制不允许,学生个人也不敢这样大胆尝试,结果社会就很难出现这样的人才。有三种观念制约或者说影响着我们的人才培养:一是学什么的,就只能做什么;二是学什么的,就只会做什么;三是学什么的,就只允许做什么。这是古代家学和师徒单传观念的遗留。一代传一代,传得很好,突然哪一天这一家没传人了,某项知识和技能就失传了,中国历史上祖冲之的《缀术》、刘师培家族的五代《左传》学等最终的结局就是这样。

现在各学科之间都互相跨。比如本来我们做语言学的,想跨考古学,定睛一看,人家考古学已经把你给跨进来了。看看维基百科"考古学"条目怎么说的:"就宏观的视野来看,考古学仰赖跨学科分析,学科上的协助来自人类学、历史学、艺术史、古典学、民族学、地理学、地质学、语言学、物理学、信息科学、化学、统计学、古生态学、古动物学、古生物学、古民族植物学与古植物学。"中国社会科学报(2012-01-10)在线有一篇文章《"你中有我,我中有你":语用学与哲学的内在关联》:"语用学为20世纪哲学带来了转向,哲学为当代语言学提供了基本研究目标和科学的方法论。两者'你中有我,我中有你'的关系,不断推动各自发展,使得语用学成为当代真正需要跨学科研究的领域。"还有传播学,学者们最喜欢讲自己是跨学科的,他们认为凡是研究人与人之间的关系的学问如政治学、经济学、人类学、社会学、心理学、哲学、语言学、语义学、神经病学等等,都与传播学相关,传播学就是运用这些学科的理论观点和研究方法来研究传播的本质和概念。

文理互涉也是常态。科学技术和人文艺术是由同一台纺织机编织出来的。我们可以从基因进化到现代文化这整个悠久的历史中,看到有关这台纺织机的起源、本质,以及人类处境的一般诠释。这种融通的因果诠释,使得每一个单独的心智能够快速而正确地从共同心智的某部分前进到另一部分。例如,克罗齐最有名的美学论述是"艺术即表现",他谈直觉,谈审美,然而20世纪下半叶形而上学领域的思潮更迭,数理逻辑、语言学、心理学及一些最新的跨学科认知科学,产生了计算美学(Computational aesthetics)、神经美学(Neuro-aesthetics)的新学科,将可计算性引入审美决策、美学设计与艺术创作,从神经表征来研究美感,这都是以前难以想象的。随着人工智能技术的发展,也出现了对美学更高层次的理解和创作的挑战。再比如,动画师们好像是艺术家,但现在却需要在电脑动画程序中加入重力、弹力、摩擦力、惯性、流体力学等物理定律和公式以使卡通形象栩栩如生。

下面想谈谈这么一个观点,学科整合往往以时代最新科技理论和技术模型为统领。我们这个时代最有代表性的是计算科学、认知科学和人工智能。这三者互有影响、各有侧重。另外,还有面对重大理论应用问题的联合攻关式的整合。

(1)计算科学的统领

计算科学(Computing/Computational science)是2018年全国科学技术名词审定委员会才公布的计算机科学技术名词,也有叫数据科学。它是信息科学的底层。信息科学含义宽泛,用这个名字整合其他学科现在显得老套而不精准。做语言学的跨学科,算法设计、计算方法(统计方法)、计算思维、数据思维都是最重要的。当然,和其他三个"统领"一样,计算科学以自己的数学底色能整合当今科技发展的方方面面。一段时间非常火爆的概念"云计算""大数据""数据可视化""元宇宙"无不与之密切关联。大数据计算甚至可以直接得出语言学的某些普遍规律。例如,《美国科学院院报》上的一项语言学交叉研究利用已经公开发布的依存树库,对37种语言进行了统计分析,指出人类语言存在依存距离最小化这一倾向。耶鲁大学语言学系教授Claire Bowern在2018年以"计算种系发生学"(Computational Phylogenetics)撰写综述论文系统讨论了贝叶斯方法在语言起源和演化关系研究中的应用。

在旧石器、新石器时代,我们以玉石打磨、制作为先进生产力轴心来思考我们与世界的关系。在机器大工业时代,我们觉得机器是无与伦比的,可以展示我们面对自然而征服自己的强大信心,我们的思维也会仿照机器的特点,这样就产生了《人是机器》的哲学名著。进入信息社会,则有人是符号的动物的哲学思考。而在大数据、云计算的今天,我们自然要提倡培养计算思维、数据思维,并用这种思维来看待我们与世界的关系。我以前和大家说过,我们现在只用一样东西就可以把以前的方法论全部重新洗牌,只用数据就够了。看人、看爱情、看斗争、看学术、看社会、看宇宙都用"数据"观。数据(data)是对客观事物的数量、属性、位置及其相互关系进行的抽象表示,数据在整合过程中变成信息,信息在沉淀下来变成知识,知识在反思中升华为智慧。智慧是基于已有知识对物质世界运动过程中产生的问题根据获得的信息进行分析、对比和演绎思辨,最终找出解决方案的能力。

我们研究生今天有没有计算思维、数据思维? 这要引起我们的警醒①。我们要学习相关的知识,在做语言本体研究和跨学科研究中,多想一想,我们要获取什么数据,是原生数据还是创生数据,数据可靠性如何,如何利用已有的数据和数据库,如何建立自己的数据库,如何统计数据,如何进行数据可视化,如何发现数据中的关系、模型和趋势。从数据角度看,任何学术竞争的核心是数据库竞争,也就是说有没有自己独特的数据库。看看周边的学者,哪一个没有自己的独特的数据? 例如,某学院,某某做谶纬之学、某某做宗教文学、某某做明清小说、某某做清代书院、某某做植物文学、某某做样板戏、某某做贬谪文学、某某做禅宗语言、某某做佛经音义等等,他们都拥有各自方向的最丰富的数据和数据库,并且在此基础展开本体的和跨学科的对接。例如,某教授依靠自己长期积累的唐宋文学数据与计算科学接轨作出唐诗宋词排行榜、文学地理学等跨学科的成果。

(2)认知科学的统领

认知科学(cognitive science)是从20世纪70年代发展起来的研究人类心智工作机制的一门综合性学科,包括认知哲学、认知神经科学、计算机科学技术、人工智能、心智研究等。认知科学以思维的信息加工模型颠覆了传统所有的心智研究模式,影响整个20世纪、21世纪的科学思维导向。认知心理学奠基人司马贺本身就是出色的跨学科研究高手,在计算机科学、经济学、心理学、预测学、管理学等领域都作出杰出的贡献。现代语言学各大流派都声称自己的理论建构包含认知的角度,尽管在研究路径和理论假设方面存在巨大的差异。生成派认为语言就是认知系统(cognitive system),而对立的认知语言学也用认知cognitive,两者核心差异在本书第八讲中讲过,也有很多学者分别做过不错的对照总结。有一点是确定的,这都是当代整体学科范式认知转向的反映,是认知科学统领并最终服务于认知科学研究总目标的"分治"成果。

跟其他三项"统领"一样,这种认知范式可以用来刷新对古今中外所有的知

---

① 网上有袁毓林2021年一个演讲,题为"基于认知并面向计算的语言学研究进路——走向人文精神与科技理性的有机结合",可以搜读参阅。

识资源的思考方式,可以得出无穷的新成果。举一个很小的例子,中国古代语法学史是个很小众的学术领域,麦梅翘、孙良明等作出不小的贡献,但是其成果是建立在当时的语言观、语法观基础上的,同样是利用春秋三传的材料,他们主要挖掘的是词类意识、传统描写法的句子成分等等,但对三传中丰富的时空认知资源和相关的认知语法观都鲜有论及,因为当时缺乏认知科学、认知语言学的统领。再比如,路先·列维-布留尔、克洛德·列维-斯特劳斯都是19世纪原始思维、原始文化研究大师,他们各自的名著《原始思维》《野性的思维》至今仍是民族学、人类学、民俗学、文化学、心理学等学科的重要参考书,而其中关于原始思维的互渗律、原逻辑、相似性等论述和大量例证资源若经过现代认知科学的梳理,肯定能得出非常多的建设性成果。从美国认知心理学家侯世达关于"类比,思考之源和思维之火"的论述中就可以预见这种"梳理"一定能丰富我们对人类思维本质的认知。

（3）人工智能的统领

人工智能简单地讲就是研究如何使计算机去做过去只有人才能做的智能工作。人工智能研究用人工的方法和技术,模仿、延伸和扩展人的智能,实现机器智能。体现人类智能的核心内容是感知和认知。而要让计算机做到像人一样地感知和认知,就必须研究怎样表示知识、机器如何获得知识和使用知识。智能科学不仅要进行功能仿真,而且要从机理上研究探索智能的新概念、新理论、新方法。随着人工智能的发展,深度学习在感知智能方面取得很多成就,而下一代的人工智能要走向认知智能的计算,将统领更加广阔的跨学科研究领域。

人工智能的基本理论应该成为大家通识性的知识。要去看哪些书? 路边旧书店一大堆打折的《人工智能》[1]教材就是很好的入门书。当代不管哪个方向的研究生都应该读一读,对我们语言学研究生来说更应该读。大家可能没注意到,人工智能出现的时间不是蛮长,但是人工智能哲学已经出现了,有这方面的专著[2]。应该关注人工智能的哲学思考,因为它可以训练我们的综合性思维,促使我们重新整合当代分科的科学知识,俾使发现语言学的特殊价值和地位。有一种说法,提高思维能力除了阅读古今以往的哲学就没有什么好办法,所以要

---

① 尼尔森著,郑扣根等译. 人工智能. 北京:机械工业出版社,2003.

② 玛格丽特·A·博登等. 人工智能哲学. 上海:上海译文出版社,2001.

读西方现当代哲学著作。通常教科书中的"当代"都"当"到1949年以前了,萨特、基尔凯戈尔、叔本华、尼采等都能算当代,那么晚清的王国维已经利用叔本华哲学分析《红楼梦》了,也能算当代吗?所以,咱们今天训练思维最迫切的不是学习"当代"叔本华这样的先哲,而是要学习一下人工智能哲学。只有这样才能把最当代的各种思想元素调动起来,统领在"人工智能"的范式中,获得通识能力,激发专业创新力。

语言与人工智能有不解之缘,人工智能最初起步的达特茅斯学院拟定的目标就是"发现如何让机器使用语言,形成抽象和概念,求解多种现在注定由人来求解的问题,进而改进机器。"语言和语言学在人工智能研究中的作用得到正确的认识。2019年召开的"语言学与人工智能跨学科论坛"认为语言学对人工智能是非常重要的,因为语言是人类重要的智能表现。人类语言知识和能力的表征对人工智能发展意义重大。我们要把自然语言的知识形式化,使之成为可以被计算机读取并可以计算的知识,深度学习不是每次都是从零开始。最后,我想补充说一句,自然语言处理一直有基于统计和基于规则的争论,统计派越来越占上风。一些人工智能团队声称不需要语言学家提供规则的理由是不充分的。要做到认知智能计算,从根本提高智能计算水平,"最后1公里"的最复杂的知识和规则仍然需要语言学者提供。

(4)联合攻关的统领

联合攻关是基于任务型的(task based),以问题、任务为导向,采用各种方法手段(当然伦理问题除外)达成目标的集体协作科研行为。比如阿波罗计划目标就是要登月,围绕这个目标需要通过国家调配全社会的资源。我们现在要搞核动力航母也必须联合攻关,这不仅仅是造船厂造舰问题,还涉及电子系统更新、电磁弹射器、无人机配置、如何形成战斗力、护卫舰和补给舰如何协同、远洋水文探测等等,是个大系统。演化科学也具有统领性质,我们这里可以把自然演化、物种演化和人类演化临时视作需要联合攻关的学科,涉及宇宙学、量子力学、古生物学、地质学、基因科学、认知科学、计算机建模等等。多领域动态是一个新兴的跨学科研究领域,旨在增进科学界对人类与自然系统之间的复杂互动、相互依赖关系和共同进化路径(co-evolutionary pathway)的理解。例如,对于可持续发展目标、气候变化和能源转型间的关系上存在的权衡、协同效应和风险依旧缺乏了解,需要团队攻关。美国"多领域动态"社群协调小组认为利用开放科学(open science)、新兴的人类系统数据集和嵌入式智能(embedded intelligence)进行建模,是未来研究重点。我们的"两弹一星"工程、屠呦呦主持的抗疟新药攻关(发现青蒿素)、夏商周断代工程、中华文明探源工程等都是典型的联合攻关。2018年《国务院关于全面加强基础科学研究的若干意见》就提出"开展具有重大引领作用的跨学科、大协同的创新攻关,打造体现国家意志、具有世界一流水平、引领发展的重要战略科技力量。"

涉及语言学的联合攻关有不少成功案例。例如,复旦大学现代人类学教育部重点实验室李辉教授和复旦大学中文系教授陶寰经过多年合作研究发现,全球语言最复杂的几种都出现在中国,上海奉贤金汇镇方言元音数量是世界上最多的。全世界的语音分布情况表明语言的扩散中心在里海南岸,这一成果发表在《科学》上。复旦大学金力院士团队综合运用语言学和遗传学等多学科交叉的分析方法,揭示了世界第二大语系汉藏语系起源及分化的时间和地点。

3.跨学科借鉴之道

著名科幻作家亚瑟·查理斯·克拉克有一句名言,这句话被人尊称为"克拉克第一定律":"如果一个年高德劭的杰出科学家说,某件事情是可能的,那他可能是正确的;但如果他说,某件事情是不可能的,那他也许是非常错误的。"在语言学科展开跨学科创新研究的空间极大、机会甚多,年轻人大有可为。作为初学者,进行跨学科的学思有难度,主要是学理准备和观念上的迭代提升。上两节阐释表明语言学人天然具备跨学科的基础知识储备,我们应挑战自我,主动思考跨学科的理论建构并未雨绸缪地做好跨学科合作的谋划。

下面简要谈谈跨学科借鉴的形式。

(1)理论借鉴

跨学科理论借鉴很常见。具有革命性的理论模式会吸引诸多学科的模仿借用。1977年诺贝尔化学奖获得者普里戈金创立了耗散结构理论。该理论研究一个系统从混沌无序向有序转化的机理、条件和规律的科学。远离热力学平衡状态的开放系统和外环境交换能量、物质和熵而继续维持平衡,对这种结构的研究,解释了自然界许多以前无法解释的现象,包括物理体系、化学体系、生物体系以及社会体系里面自发产生各种时空有序结构的普遍现象。李如生(1986)的《非平衡态热力学和耗散结构》,参考文献几乎都是外文的。一个热力学理论为什么具有如此广泛的影响? 它抓住了宏观对象由大量结构单元组成的共同特点。宏观体系是一个涉及大量运动自由度的力学体系。具有大量自由度的复杂体系和只有少量自由度的简单体系的行为有一个显著差异,是他们的时间发展行为。如单个粒子的时间是可逆的,而复杂的宏观运动是不可逆的。我在1995年的时候,听一个老师讲,汉语史是一个耗散结构。还有一次我在南京大学黑板上看到一则消息"下午讨论现当代文学的耗散结构",听起来蛮吓人的吧?更早的时候,我在乡下中学,有个中学老师朋友以耗散结构理论为支撑写了一篇有关政治课教学的文章,还发表了,我们都很羡慕。如此等等,这种理论借鉴是很普遍的,因为正如上讲所说,我们有根深蒂固的类比思维能力,这个理论讲能量交换导致有序,影射所有能量交换都有类似现象,因而影响很大。用它来解释语言系统演化,直观上看贴切无比,只不过在研究细节需要投入事实观察与分析罢了。当然,你现在在再用耗散结构理论为主打来做语言学研究就显得老套了,虽然可能研究得很不错。大家应注意跟进整个科学理论的发展,找准可资模仿的新理论。例如,萧国政(2020)借鉴人工智能的理论和工程发展提出"智能语言学"的进路就是具有新意的。

借鉴人工智能理论探索语言学中的复杂问题。沈家煊(2004)在《人工智能中的"联结主义"和语法理论》中说:"人工智能的新观点也认为,人脑不是用来计算的——人脑的主要任务是控制身体;人脑的运作不是孤立的,而是在很大程度上依赖于受其利用的身体。近来对寓于肉身的(embodied)人脑的研究有了明显的进展。举例来说,眼睛不仅仅被视为脑的输入装置,双手也不仅仅被视为体现脑的意志;眼-手-脑被被视为一个'协调(coordinated)'系统。"进而用"联结主义"阐释认知语法和浮现语法。动态浮现语法(Emergent Grammar)认为语法不是事先就存在的,而是在语言动态使用过程中一些经常性的用法通过量变到质变的过程产生或"浮现"出来的。张伯江也从这个立场出发,认为"施事"这个语法语义范畴的形成很大程度上是语用作用的结果,若从名词或动词角度出发就不足以确定预测施事。外语界的王初民教授很早就提出解释二语习得用"联结主义"比生成派普遍语法理论优越。比如一个个单次的语言学习行为,神经机制是很简单的,信息来了,就不停地"input"(输入),就像以前行为主义讲的刺激反应理论,在反复刺激下脑神经就建立很多神经元节点,节点又会激活周围的节点。这种节点增多和连线是难以预测的,作为复杂性适应系统的大脑智能现象也是无法预测的,它的机制是浮现论(emergent)。等到输入达到一定程度,高水平语言习得成效就"浮现"出来了,熟练的语法也就习得了。沈家煊为了证明"名动包含"说,引用了"科斯学说的'交易成本'"概念、"'天下理论'的'天下无外'原则"以及"量子物理的'不确定原理'"等理论资源,这些都是理论借鉴的佳例。

非线性音系学借用非线性数学概念而创立。非线性即变量之间的关系不是直线而是曲线、曲面、或离散不确定的属性。非线性是自然界复杂性的典型性质之一，与线性相比，非线性更接近客观事物性质本身，是量化研究认识复杂知识的重要方法之一。非线性音系学是把音系表达式看作是由非单一线性音段序列构成的数种音系学理论中的任何一种，诸如粒子音系学，从属音系学及管辖与粲数（charm）音系学（基本也是借用物理、数学的概念）。自20世纪80年代以来，非线性理论已在音系学理论中占主导地位，最重要的理论有自主音段音系学和节律音系学。

还有就是考古类型学，考古类型学和语言类型学在有些方法论上就可以互相借鉴。著名考古学家张光直说："类型和风格在时间中的内在连续性和他们在空间上的差异性同等重要。"你在博物馆一看，这是白陶，那是彩陶，但是如果你把世界上的陶器都拿来，你就会发现这种那种陶形都是成体系的，在时间和空间上是连续的，不是毫无章法的。这是一个文化，也是一种惯性。借鉴这种考古类型学可以坚定我们做语言类型学信心并增进对类型的理解。

（2）方法借鉴

方法借鉴在科学探索中往往有奇效。科学史经典案例，比如元素周期表的发现很值得我们语言研究借鉴。语言是共时区别性单位系统、有适应性累积的具有不同历时层次的系统。而周期表是物质深层结构"纵向结构规律–横向结构规律–整体结构规律"的体现，其发现也是有历程的，是一层一层揭示出来的。当元素发现量没有达到一定程度的时候，结构量是看不到的。对语言结构规律的揭示也是这样。立方（1989）的《元素周期表的新探索》一书的序言中说："一切理论的探索，归根到底是方法论的探索。在科学史上一种重要的科学方法（如欧几里得公理化方法）的移植，往往导致一系列重大的科学突破，并由此展现一条影响深远的科学路线。在门捷列夫周期表中蕴藏一种擅长于发现和描述研究对象的整体性的科学方法，对这一方法的发掘、提炼和移植，使其固有的内在潜能释放出来，则将可能有力地推动科学一体化的进展，从而为再度将科学引向深处，提供新的可能性。"预言和预测是规律发现之后才能进行的。

金力团队发表于《自然》主刊的文章《语言种系发生支持汉藏语系在新石器时代晚期起源于中国北方》是将生物学上的贝叶斯方法移植到语言学作出出色成果。王士元指导沈钟伟就把他送到生物学系去听课，沈钟伟学了传染病的数学模型后就将它运用到上海话的一种音变考察中,取得了成功。袁毓林借鉴心理学量表方法用"隶属度"来划分词类,陆俭明在序言中给予他高度评价。

语言田野调查也可以学习人类学方法。人类学调查强调一年四季的一个完整周期,我们可以学习这样做,从社会各结构要素之间相互配合的系统中观察语言。而不仅仅是带着调查词表,花几天时间找当地咨询人询问记录就完事了。美国早期人类学者调查印第安语的常规做法是请发音合作人讲故事、背歌谣,或者不介入地记录其对话和仪式语言等,然后对记录下来的长篇语料进行分析。董同龢用这种方法对汉语凉水井客家话进行了开创性的研究。

数学方法的借用或曰应用在语言学中也是重头戏。数学是什么?"数学是关于空间形式和数量关系的科学。"这是19世纪的说法,我们现在考虑它的新定义:数学是关于模式和秩序的科学,是对结构、模式以及模式的结构和谐性的研究,其目的是要揭示人们从自然界和数学本身的抽象世界中所观察到的结构和对称性。所谓的"模式"有着极广泛的内涵,包括了数的模式,形的模式,运动与变化的模式,推理与通信的模式,行为的模式。现在很多数学模式都嵌在软件里可以自动算出来。大家可以明显感觉到数学和以前不太一样了。马克思有一个很经典的说法:"一种科学只有成功运用数学时,才能达到真正完善的地步。"现代转换生成语言学、形式语义学、数理语言学都是借用或借助数学的方法建立起来的。现在计算机可以实现数据可视化,所以像传统的词汇扩散理论就可以用这种方法把它揭示出来。我国著名的科学家钱学森指出:"关于数学技术,我的简单理解是用数学语言和计算建立数学模型,用于解决实际问题。"发现模式或者建立模型,都是方法。有这种方法就可以嫁接到语言研究中去。结构主义语言学所说价值体系,很适合模式论分析。比如电、光、磁的机械动力学解释、粒子解释、以太解释都被放弃了。数学中的数、点也一直被看成实实在在的自在之物,19世纪的数学逐渐开始懂得,要问当作实体的这些对象究竟是什么这是没有意义的,即使有的话,也不可能在数学范围内得到解决……至于点、线、数,实际上是什么,不可能也不需要在数学科学中讨论。"可验证"的事实只是结构和关系:两点决定一直线,一些数按照某种规则组成其他一些数,等等。这在本质上与语言单位关系是一致的。

现在有些人很喜欢赞扬西方的演绎法,认为这应该是语言科学的根本方法。对此,R·柯朗等(2005)《什么是数学:对思想和方法的基本研究》的一段话应引起我们的反思:

目前过分强调数学的公理演绎特点的风气,似乎有盛行起来的风险。事实上,那种创造发明的要素,那种起指导和推动作用的直观要素,虽然常常不能用简单的哲学公式来表述,但是它们却是任何数学成就的核心,即使在最抽象的领域里也是如此。如果说完善的演绎形式是目标,那么直观和构作至少也是一种动力。有一种观点对科学本身是严重的威胁,它断言数学不是别的东西,而只是从定义和公理推导出来的一组结论,而这些定义和命题除了必须不矛盾之外,可以由数学家根据他们的意志随意创造。如果这个说法是正确的话,数学将不会吸引任何有理智的人。它将成为定义、规则和演绎法的游戏,既没有动力也没有目标。

　　这是对我们语言形式研究很好的告诫,就是形式演绎搞多了会让人认为所有的真理悉数在此。这里强调直观构作的动力,是方法论借鉴的重要提醒。

　　语言学应该认真学习统计科学的方法。学一种统计软件,如 SPSS、Matlab、R(本书附有使用介绍)等。要把软件好好学一学,没有统计就挖掘不出东西。我们统计过《汉书》复音词,发现专名的研究会制约普通词汇乃至语言系统的研究和发展。现在做复音词的人很多。程湘清编的一套语法史书里面,有断代或专书复音词统计,但统计中不包含官名、地名、人名,而这些词也是有结构的,也是有概率地存在于每个时代语言中的真实样本,如果剔除统计那么总结的语言规律是否周翔呢? 统计表明每个样本中偏正结构略高于联合结构,如果把上述专名放进去,偏正结构就远大于联合结构。再比如,官名里面大部分是动宾结构,这也会影响数量对比及复音化底层机制的判断。通用词汇和专名怎样互动,专名怎样影响通用词汇的演变,不经过正确的统计是难以发现的。比如,"细雨鱼儿出",这个"儿"你们感觉是词缀,但是说不定早期它只是表示"小"的意思,与真正的词缀有竞争性解释。吐鲁番出土文书中人名多带"儿",一般是小儿的意思,然后由人到动物,比如鱼之类也带"儿",然后又从动物到无生命事物,比如,"车儿"之类,车儿这个词里面儿字的意思就非常弱了。词法现象先是在人名等专名中产生,再扩展到一般词汇中去的。

　　在方法借用上,我们可以"大胆假设",论证的时候就应该"小心求证"。例如,语言学中有空范畴、交际空白、交际距离、社会距离等等。但是你们没有想到和这个宇宙学、物理学中探索的暗物质联系在一起思考吧? 我们宇宙中的暗物质暗能量("两暗"),反而比能见的多得多。语言中省略的,空的范畴就像暗能量、暗物质，它们怎么隐现，怎么与可见的部分互动，都是值得深入思考的。正如老子讲的"有生于无""当其无，有器之用"，这些概念都可以相互印证。用"两暗"来比拟，可以启发我们觉察空范畴的意义，并能根据"两暗"研究的功能性细节类推空范畴在语言学研究中的价值。

学习跨学科性质的专著最能获得启发。例如，计算语言学、自然语言处理方面，读读冯志伟的著作（如《计算语言学基础》《自然语言处理简明教程》）就能得到很好的启发，能够学到语言学研究生必须具备却容易忽略的计算视角的知识和方法。基因、遗传、地理、物理、信号工程，人类有学问的地方没有不和语言学有关的。语言学不仅在本质上是跨学科性质的，而且其研究方法也同自然科学息息相关。

思维方法的借鉴更是重中之重。相关机制在前几讲如类比思维、竞争性发现中也有涉及。诺贝尔物理学奖获得者弗兰克·维尔切克《万物原理》强调互补性的思维拓展方法对语言研究来说很有参考价值。互补性讲的是从不同的角度思考同一个事物的时候，有时会发现它同时具有不同的性质，甚至是相互矛盾的性质。维尔切克声称这种对待经验和问题的态度让他大开眼界、受益良多，并真正改变了他的思考方式，让他想象力更加开放，也更加兼收并蓄。他总结说："这个世界既简单又复杂，既逻辑森严又怪诞不经，既秩序井然又混乱不堪。如我们所见，对基本原理的理解并不能解决这些二元性，反而还会突出并深化它们的影响。如果不把互补性牢记在心，你就无法完整地描述物理现实。"华大基因尹烨有这样的读后感：互补性还有另一个用途，那就是因地制宜地选择模型。在复杂的系统中，描述模型可能有很多种，当某一种过于复杂而无法使用的时候，我们也许可以用一个互补的模型来解答问题。这种类似"打比方"方式的互补性，对于我们实际生活实践来说相当有用。他提醒我们，从不同的角度甚至是不相容的角度分析同一个事物，可以带来有用的见解。无论是渐进性思维、颠覆性思维还是根本性思维，都是通往罗马的不同之路，可以帮助我们在生活和工作中找到更好的答案。现在，我们从互补性角度看语言学中范畴的划分一定具有一种超然的理性态度了。例如，目前争议很大的名词动词划分问题、主谓分离问题、反训问题、连接词问题、各种界面问题，甚至具体到"差点儿"的词义分析问题，都可以从互补性思维角度审视。对待不同的学派、对待传统的理论、对不同的语言学分支也应采取互补性的态度。

（3）工具借用

工具就很具体了。本来社会学常用SPSS，语言学里面也兴起了。Matlab是数学统计软件，但用于分析语音文档也是出色的。比如，功能性核磁共振本来是用来探测病理方面的，我们可以拿来做语言学研究。江苏大学用它来做句法认知、成语识别等等。这种借用还蛮多，在TED演讲中就有相当一批是用核磁共振来做的，千奇百怪的都有，例如，做即兴RAP创作的大脑活动之类。我们现在可以用核磁共振无创性的观察，得出很多很好的结论。例如，最近的研究发现维尼卡区的右对称部位，还有前运动区，还有左布洛卡区有一个回路，都是很重要的语言学习区域。不像我们之前想的，语言处理只在布洛卡区处理，其实右脑也有相当程度的参与，这是核磁共振发现的。

（4）经验借鉴

主要是借鉴研究者和研究集体的成功经验和失败教训，古今中外的都可以借鉴。中国诺贝尔奖获得者屠呦呦在获奖时的演讲中就明确指出自己受中国古书记载的经验资料的启发才得以发现青蒿素的。早在公元前2世纪，中国先秦医方书《五十二病方》已经对植物青蒿有所记载。公元前340年，东晋的葛洪在其撰写的中医方剂《肘后备急方》一书中首次描述了青蒿的退热功能；李时珍的《本草纲目》则说它能"治疟疾寒热"。屠呦呦深情地说："当年我面临研究困境时，又重新温习中医古籍，进一步思考东晋（公元3～4世纪）葛洪《肘后备急方》有关'青蒿一握，以水二升渍，绞取汁，尽服之'的截疟①记载。这使我联想到提取过程可能需要避免高温，由此改用低沸点溶剂的提取方法。"没有这种传统的经验借鉴，很难想像青蒿素的发现还要遭遇多少艰难。她呼吁"中国传统中医药是一个丰富的宝藏，值得我们多加思考，发掘提高"。在语言学研究中，比如可以借鉴王士元、冯志伟这样善于利用跨学科方法研究语言学问题的学者的经验。

在传统的训诂学、校勘学里面有很多经验可以作为创新研究的津梁。段玉裁的"凡谐声者皆同部"和"理校"、王念孙的"生成类比逻辑"和"理证"（冯胜利总结），都需要学习参考。小学家张舜徽经验也很值得传承，他主张校书不可妄逞臆见，轻于改字，以慎重为第一义。他提出"雠校文字，首必广储副本，以勘异

---

① 疟疾方法之一。在疟疾发作前的适当时间，使用内服药或针刺等方法，以制止疟疾的发作。

同,次则据宋、元旧本以订讹误"(《广校雠略》,中华书局1963年版,第92页)。他强调"龟甲、金石刻辞、汉初竹简帛书和六朝隋唐写卷,都足以作为校勘古书的依据,它们较任何刻本的时代都要早的多,可靠性就更大了"(《中国文献学》,中州书画社1982年版,第110页)。他还认为:"一般校勘古书,都只注意在字句一统以及讹变衍脱之迹,这只能说是校书的起码工作。更重要的,在能将文献资料的源流、真伪和写作时代,都能通过校勘弄清楚,再从而进行重新写定工作。"(《訒庵学术讲论集》,岳麓书社1992年版,第459页)。

目前国内语言生活派很注重学习国外经验。例如,中国的应急语言体系建设方面很注重学习国外的相关做法。王娟等(2020)关注到了"简易日语"这一应急语言产品在救灾应急中的运用;陈林俊(2020)考察了日本灾害应急语言服务的主体、路径选择及内容体系;顾晶姝(2020)对日本灾前、灾时、灾后的应急语言服务实践作系统调查;包联群(2020)结合自己的亲身经历,从微观角度描述了日本"3·11"大地震中多语服务的具体实践;肖俊敏(2021)则探讨了土耳其灾害应急语言服务项目的实践及启示。《世界语言生活状况报告(2021)》还以"专题篇"的形式,介绍了韩国、日本、德国、俄罗斯、法国、英国、美国、智利开展应急语言服务的情况。

4.跨学科助推第一性原理反思

第一性原理是任何理性系统的根基性命题,它需要致力于寻找第一前提、逻辑奇点、最底层的单位、机制或规则。第一性原理是至简的,而决定面更广,用当代物理学超弦理论看,整个世界和人类存在的本质只是最简能量波的叠加运作结果。用个西式文辞叫"爱奥尼亚式迷情"(Ionian Enchantment),这是一种相信科学具有统一性的信仰,它宣称世界是有规律的,同时可以用少数自然定律加以解释。正如诺贝尔文学奖得主阿尔贝·加缪所说:"每当我似乎感到世界的深刻意义时,正是它的简单令我震惊。"看来艺术家和科学家对世界本质的观察和思考具有一致性。当然,第一性原理的追求是一种科学态度,它是有层次的,不同层次的最简性、第一性的解释力和有效性不同。

要领悟第一性原理思维的重要性,华裔科学家张首晟2018年的演讲《量子计算、人工智能与区块链》中的一段话可以给我们启发:

> 但是整个人工智能,大家虽然看到它突飞猛进在改变,但是我觉得还是处在非常早期,它今后的前景还是非常广阔。为什么这么讲

呢？做一个简单的类比，比如我们曾经看到鸟飞，人也非常想飞，但是早期学习飞行只是简单的仿生，我们在自己的手臂上绑上翅膀。但这是简单的仿生，但真正达到飞行的境界是由于我们理解了飞行的第一性原理就是空气动力学，有了数学原理和数学方程之后就可以人为设计最佳的飞行，就是现在的飞机飞得又高又快又好，但是并不像鸟，这是非常核心的一点。可能现在人工智能是在简单地模仿人的神经元，但是我们更应该思考的，在这里面有一个基础科学重大突破的机会，就是我们真正去理解那个智慧和智能的基本原理，基本的数学原理，这样真正能够使人工智能有突飞猛进的变化。

　　这说明第一性原理的发掘需要跨学科的、综合性的知识和高超的智慧，能带来对行业的底层逻辑认知。对于某个个体研究者来说，能不能获得和理解第一性原理并不重要，重要的是要有第一性原理的思维和追求。

　　语言学中经济性原则或最省力原则看起来像第一性原理，而更高的可能是宇宙本质之一——最短时间原理（光会沿着最快的路线行进），再广义化为最小作用量原理、对称性原理。光速不变原理背后再底层的是正超对称、玻色性。不管第一性原理有多少层，我们都要穷究到底。语言学界有学者提倡第一性原理思维，史有为（2014）《第一设置与汉语的实词》就是代表性文章。该文认为信息传输的基本构造"话题-说明"是语言的第一设置，也即第一性原理，主谓关系不过是话题-说明结构在规格化或规则化，以及协同化条件下的一种发展，也就是一种选择下的语法化。英语的主谓一致关系只是强"协同化"的表现。汉语的主谓关系则选择了弱"协同化"。徐通锵认为汉语的"1"凝聚于字，具体表现为"1个字、1个音节、1个概念"，突出语义，使汉语成为一种语义型语言。这也是一种第一性思维。我们每个语言学人都在领会前人第一性思考成果的基础上继续寻找更根本的语言学第一性原理。

思考题

1.运用跨学科方法研究语言有什么必要性？

2.如何培养计算思维？

3.如何认识当代跨学科研究的趋势？

4."第一性原理"思维在语言学理论学习和建构中有何作用？

第十讲　语言与国家

　　语言研究和语言学服务于国家的路径和学术性主要体现于语言规划学。语言规划的基本定义是,政府或社会团体为了解决语言在社会交际中出现的问题,有目的、有计划、有组织地对语言文字及其使用进行干预与管理,使语言文字更好地为社会服务。(陈章太 2005:2)"要有科学的语言规划,必须建立起'政、学、社会'之间的'旋转门'。亦即政府要多听学界意见,建立各种智库;学界要了解语言生活状况,了解政府需要。当然,握权柄者如果能够自己做些面向工作的学术研究,建立脑内的思想'旋转门',对做好本职工作、发展学术研究很有好处。"(李宇明 2015:446)

　　这里首先要谈一谈国内的语言生活派。在李宇明等推动下,以国民语言学生活研究和语言学服务国家为理念的"语言生活派"在 21 世纪头 20 年内异军突起,深刻影响当代中国语言学的力量构成,具有鲜明的"中国气派"。学派以 2005 年中国语言绿皮书《中国语言生活状况报告》出版为标志,多年来推进语言国家机构与大学和社会各界共同发展语言文字服务于国家和社会发展的各项事业。

　　学派依托高校共建的实体研究机构(见表 10-1),从这些机构可略见语言研究服务国家语言文字管理部门的多样性:

表 10-1　国家语言文字工作委员会实体研究机构名称

序号	名称	成立时间	依托高校
1	国家语言资源监测与研究平面媒体中心	2004	北京语言大学
2	国家语言资源监测与研究有声媒体中心	2005	中国传媒大学
3	国家语言资源监测与研究网络媒体中心	2005	华中师范大学
4	国家语言资源监测与研究教育教材中心	2005	厦门大学
5	海外华语研究中心	2005	暨南大学
6	中国文字整理与规范研究中心	2005	北京师范大学
7	中国文字字体设计与研究中心	2005	北京大学
8	汉语辞书研究中心	2007	鲁东大学
9	中国语言战略研究中心	2007	南京大学
10	国家语言资源监测与研究少数民族语言中心	2008	中央民族大学
11	中国外语战略研究中心	2011	上海外国语大学
12	中国语言文字规范标准研究中心	2012	北京语言大学
13	国家语言文字政策研究中心	2013	上海市教育科学研究院
14	中国语情与社会发展研究中心	2014	武汉大学
15	国家语言能力发展研究中心	2014	北京外国语大学
16	中国语言资源保护研究中心	2015	北京语言大学
17	中国语言资源开发应用中心	2008	商务印书馆
18	中国语言智能研究中心	2016	首都师范大学
19	国家语委国际合作与交流中心	2018	北京语言大学
20	新疆多语种信息技术研究中心	2017	新疆大学
21	汉字文明传承传播与教育研究中心	2019	郑州大学
22	粤港澳大湾区语言服务及文化传承研究中心	2018	广州大学
23	丝路语言文化研究中心	2020	泉州师范学院
24	中国东北亚语言研究中心	2021	大连外国语大学

从以上机构的命名看,语言研究几乎可以服务于国家和社会生活的方方面面。根据语言生活派代表人物之一赵世举(2015)主编的《语言与国家》一书可以看出语言的功能和价值正发生前所未有的变化,已经成为社会发展更为重要的因素,涉及国家诸多核心领域,与国家建设、发展和安全的关系日益密切。语言被视为无形的战略武器、巨大的资源宝库、新兴的科技引擎、治国的重要工具。我们梳理一下该书的纲目(略加改动)可以领略语言和国家的全方位的关系:

语言与国家地位方面:语言强弱关系国运、语言"硬实力"与国力相颉颃、汉语国际传播应世界之需。

语言与国家安全方面:语言的屏障也是利器、语文信息化竞争是没有硝烟的战场、语言冲突与政治危机须化解、语言和谐才能社会安定、某些国家"安全语言计划"是无形的战略武器。

语言与经济发展方面:语言资源开发与利用很迫切、语言产业与语言职业方兴未艾、旅游经济须优化语言景观。

语言与科技创新方面:中文信息处理攸关国家科技创新、人工智能和"元宇宙"需要语言技术、语言学交叉学科群无与匹敌。

语言与社会文明方面:语言规范与修辞干系法律公正和社会公正、专名的社会管理须跟进、城市语言生态与形象须语言塑造、特殊语言服务彰显社会文明进步。

语言与文化建设方面:推行国家通用语言文字增强中华文化认同、语言生态与中国文化多样性、建设当代网络语言文化、关注台港澳语言文字演进与协同。

语言规划与国家发展方面:规划语言就是规划社会、语言法规是国家法规体系重要组成部分、借鉴国外语言规划经验。

语言与政府风貌方面:文风与党风政风世风密切相关、语言能力体现领导智慧、新闻发言攸关政府形象、网络问政须借助语情舆情分析。

根据以上研究旨趣和导向,"语言生活派"在具体方法运用和写作方式上表现出独特而稳定的特点,这方面苏新春教授(2021:18)有专门的总结,可以参考:

1.问题驱动意识。所谓问题意识,就是关注问题、描写现状、分析原因、提出建议、寻找对策。其本质来源于社会的推力,是对社会需求的回应。

2.满足国家需求的服务意识。服务于国家的语言治理,寻找解决问题的对策,有助于社会与成员的受益。在这样的研究报告中,尽管它仍很学术,仍是典型的学术报告,但"学理意义"变成了"现实意义","结论"变成了"思考与建议","启示"变成了"对策"。

3.讲究用数据说话。注重调查,看重事实,推崇数据分析,反对务虚空论"分析",要求点到即止,不尚长篇大论;"思考""建议""对策"要求一针见血,具有可操作;数据要求简明扼要,少而精,精而显,一目了然。

自从2020年10月全国语言文字会议的召开,语言文字事业进入新阶段,又开启了新征程。李宇明(2021)指出今后一段时期,语言文字事业要怎么发展,需要认真谋划,其中起码要关注五个方面:

第一,抓好国家语言能力建设(包括语种能力和获取话语权能力),积极参与国际语言生活治理,为筑牢"中华民族共同体"意识、构建人类命运共同体服务。

第二,要以语言文字的规范化、标准化、信息化建设为工作核心,重视中国语言文字标准的国际化,重视服务以5G和语言智能为代表的国家信息化。

第三,在继续做好"中国语言资源保护工程"的基础上,争取立项开展"语言国情普查工程"和"'一带一路'语言资源调研工程"。

第四,组建"国家语言服务团",做好突发公共事件和国家安全的"语言应急"工作。

第五,在"大语言观"工作理念指导下,进一步完善语言文字工作的法制、体制和机制,特别是争取修订《国家通用语言文字法》,使其更好适应新时代的国家发展。

参考文献

［1］ 埃德加·莫兰［法］.陈一壮［译］.复杂性思想导论［M］.上海：华东师范大学出版社,2008.

［2］ 爱德华·威尔逊［美］.梁锦鋆［译］.知识大融通：21世纪的科学与人文［M］.北京：中信出版集团,2016.

［3］ 布龙菲尔德［美］.袁家骅,赵世开,甘世福［译］.语言论［M］.北京：商务印书馆,2008.

［4］ 布洛赫等［美］.赵世开［译］.语言分析纲要［M］.北京：商务印书馆,2012.

［5］ 蔡维天.从微观到宏观——汉语语法的生成视野［M］.北京：商务印书馆,2015.

［6］ 陈保亚.论语言接触与语言联盟——汉越(侗台)语源关系的解释［M］.北京：语文出版社,1996.

［7］ 陈保亚.20世纪中国语言学方法论［M］.济南：山东教育出版社,1999.

［8］ 陈平.理论语言学、语言交叉学科与应用研究：观察与思考［J］.当代修辞学,2020(5).

［9］ 陈章太.语言规划研究［M］.北京：商务印书馆,2005.

［10］ 程千帆,唐文.量守庐学记［M］.上海：生活·读书·新知三联书店,1985.

［11］ 程千帆.詹詹录［J］.文史哲,1981(4).

［12］ 邓思颖.形式汉语句法学［M］.上海：上海教育出版社,2010.

［13］ 方经民.现代语言学方法论［M］.郑州：河南人民出版社,1993.

［14］ 费尔迪南·德·索绪尔［瑞士］.高名凯［译］.普通语言学教程［M］.北京：商

务印书馆,1980.

[15] 费尔迪南·德·索绪尔[瑞士].罗伊·哈里斯[英][译].普通语言学教程（CourseinGeneralLinguistics）[M].北京:外语教学与研究出版社,2001.

[16] 冯胜利.韵律构词与韵律句法之间的交互作用[J].中国语文,2002(6).

[17] 冯蒸.汉语音韵学必读与必备书目述要[J].汉字文化,2007(5).

[18] 冯志伟.现代语言学流派[M].西安:陕西人民出版社,1999.

[19] 弗兰克·维尔切克[美].柏江竹,高苹[译].万物原理[M].北京:中信出版集团,2022.

[20] 福井谦一[日].戚戈平,李晓武[译].学问的创造[M].上海:生活·读书·新知三联书店,1998.

[21] 高顺全.三个平面的语法研究[M].上海:学林出版社,2004.

[22] 桂起权,李继堂.从门捷列夫周期律到量子理论——科学哲学案例研究[J].科学技术与辩证法,2004(2).

[23] 桂诗春,宁春岩.语言学方法论[M].北京:外语教学与研究出版社,1997.

[24] 桂诗春.应用语言学[M].长沙:湖南教育出版社,1988.

[25] 海然热.论语言学对人文科学的贡献[M].上海:生活·读书·新知三联书店,1999.

[26] 何九盈.中国古代语言学史[M].广东:广东教育出版社,2000.

[27] 何元建.现代汉语生成语法[M].北京:北京大学出版社,2011.

[28] 赫琳.动词句同义句式研究[M].武汉:崇文书局,2004.

[29] 洪诚.洪诚文集[M].南京:凤凰出版社,2000.

[30] 侯世达[美],桑德尔[法].刘健,胡海,陈祺[译].表象与本质:类比,思考之源和思维之火[M].杭州:浙江人民出版社,2019.

[31] 黄侃.黄侃国学讲义录[M].北京:中华书局,2006.

[32] 黄正德等.汉语句法学（ThesyntaxofChinese）[M].北京:世界图书出版公司,2013.

[33] 霍凯特[美].索振羽,叶蜚声[译].现代语言学教程[M].北京:北京大学出版社,2002.

[34] 江荻.论汉藏语言演化的历史音变模型[M].北京:民族出版社,2002.

[35] 蒋礼鸿.郭煌变文字义通释（增订本）[M].上海:上海古籍出版社,1981.

[36] 蒋志萍,汪文贤.数学思维方法[M].杭州:浙江大学出版社,2011.

［37］ 金立鑫.语言研究方法导论［M］.上海：上海外语教育出版社,2007.

［38］ 伯纳德·科姆里［英］.沈家煊,罗天华［译］.语言共性和语言类型（第二版）［M］.北京：北京大学出版社,2010.

［39］ 柯朗［美］,罗宾［美］.左平,张怡慈［译］.什么是数学：对思想和方法的基本研究［M］.上海：复旦大学出版社,2005.

［40］ 兰盖克［美］.牛保义,王义娜,席留生等［译］.认知语法基础（第一卷）［M］.北京：北京大学出版社,2013.

［41］ 兰盖克［美］.牛保义,王义娜,席留生等［译］.认知语法基础（第二卷）［M］.北京：北京大学出版社,2017.

［42］ 雷德福［英］等.语言学教程（Linguistics：Anintroduction）［M］.北京：外语教学与研究出版社,2000.

［43］ 黎锦熙.新著国语文法［M］.北京：商务印书馆,1955.

［44］ 李葆嘉.语义语法学导论［M］.北京：中华书局,2007.

［45］ 李圃.字素理论及其在汉字分析中的应用［J］.学术研究,2000(4).

［46］ 李延福.国外语言学通观［M］.济南：山东教育出版社,1996.

［47］ 李宇明.中国语言规划三论［M］.北京：商务印书馆,2015.

［48］ 李宇明.新世纪20年的中国语言规划［J］.北华大学学报（社会科学版）,2021,22(1).

［49］ 刘丹青.语序类型学与介词理论［M］.北京：商务印书馆,2003.

［50］ 刘丹青.语法调查研究手册［M］.上海：上海教育出版社,2008.

［51］ 刘坚.二十世纪的中国语言学［M］.北京：北京大学出版社,1998.

［52］ 柳士镇.魏晋南北朝历史语法［M］.北京：商务印书馆,2019.

［53］ 卢烈红.《古尊宿语要》代词助词研究［M］.武汉：武汉大学出版社,1998.

［54］ 鲁国尧.鲁国尧语言学论文集［M］.南京：江苏教育出版社,2003.

［55］ 鲁国尧.研究明末清初官话基础方言的廿三年历程——"从字缝里看"到"从字面上看"［J］.语言科学,2007(6).

［56］ 陆丙甫,金立鑫.语言类型学教程［M］.北京：北京大学出版社,2015.

［57］ 陆俭明.现代汉语中数量词的作用——语法研究和探索［M］.北京：北京大学出版社,1988.

［58］ 陆俭明.八十年代中国语法研究［M］.北京：商务印书馆,1993.

［59］ 陆俭明.不忘朱先生对我的指导和帮助［J］.语文研究,1993(2).

[60] 陆宗达,王宁.训诂方法论[M].北京:中国社会科学出版社,1983.

[61] 罗伯特·迪克森[澳].朱晓农,严至诚,焦磊等[译].语言兴衰论[M].北京:北京大学出版社,2010.

[62] 罗志野.语言的力量:语言力学探索[M].南京:东南大学出版社,2009.

[63] 吕叔湘.关于"语言单位的同一性"等等[J].中国语文,1962(11).

[64] 吕叔湘.汉语语法分析问题[M].北京:商务印书馆,1979.

[65] 吕叔湘.中国文法要略[M].北京:商务印书馆,1982.

[66] 吕叔湘.怎样学习语法——吕叔湘语文论集[M].北京:商务印书馆,1983.

[67] 吕叔湘.汉语语法论文集(增订本)[M].北京:商务印书馆,1984.

[68] 吕叔湘.语法研究入门[M].北京:商务印书馆,1999.

[69] 马建忠.马氏文通[M].北京:商务印书馆,1983.

[70] 马悦然[瑞典].李之义[译].我的老师高本汉[M].长春:吉林出版集团公司,2009.

[71] 迈克尔·托马塞洛[美].张敦敏[译].人类认知的文化起源[M].北京:中国社会科学出版社,2011.

[72] 迈克尔·托马塞洛[美].蔡雅菁[译].人类沟通的起源[M].北京:商务印书馆,2012.

[73] 梅广.上古汉语语法纲要[M].上海:上海教育出版社,2018.

[74] 梅耶[法].岑麒祥[译].历史语言学中的比较方法[M].北京:科学出版社,1956.

[75] 梅祖麟.汉藏比较暨历史方言论集[M].北京:中西书局,2003.

[76] 孟凯.复合词内部的成分形类、韵律、语义的匹配规则及其理据[J].语言教学与研究,2018(3).

[77] 米歇尔·沃尔德罗普[美].陈玲[译].复杂:诞生于秩序与混沌边缘的科学[M].上海:生活·读书·新知三联书店,1997.

[78] 宁春岩.什么是生成语法[M].上海:上海外语教育出版社,2011.

[79] 彭嬿.新疆汉语方言声调减少之成因探析[J].喀什师范学院学报,2005,26(5).

[80] 彭嬿.新疆汉语方言中的"把"字句——兼论阿尔泰语对西北汉语方言的影响[J].新疆大学学报(社会科学版),2005,33(4).

[81] 诺姆·乔姆斯基[美].邢公畹,庞秉均,黄长著等[译].句法结构[M].北京:

中国科学出版社,1979.

[82] 屈承熹.汉语认知功能语法[M].哈尔滨:黑龙江人民出版社,2005.

[83] 沈家煊.现代语言学词典[M].北京:商务印书馆,1992.

[84] 沈家煊.人工智能中的"联结主义"和语法理论[J].外国语,2004(3).

[85] 沈家煊.现代汉语语法的功能、语用、认知研究[M].北京:商务印书馆,2005.

[86] 沈家煊.认知与汉语语法研究[M].北京:商务印书馆,2006.

[87] 沈家煊.语法六讲[M].北京:商务印书馆,2011.

[88] 沈家煊."零句"和"流水句"——为赵元任先生诞辰120周年而作[J].中国语文,2012(5).

[89] 沈家煊.不对称和标记论[M].北京:商务印书馆,2015.

[90] 沈阳,郑定欧.现代汉语配价语法研究[M].北京:北京大学出版社,1995.

[91] 石毓智.语法的概念基础[M].上海:上海外语教育出版社,2006.

[92] 石毓智.汉语语法演化史[M].南昌:江西教育出版社,2015.

[93] 史存直.句本位语法论集[M].上海:上海教育出版社,1986.

[94] 史有为.汉语外来词词典[M].北京:商务印书馆,2000.

[95] 史有为.第一设置与汉语的实词[J].英汉对比与翻译,2014(2).

[96] 苏新春.当代中国语言学四个人文学派的兴起及特点[A].郭龙生,苏新春主编.新时代的社会语言学研究——第十届全国社会语言学学术研讨会论文集[C].北京:华语教育出版社,2021.

[97] 太田辰夫[日].蒋绍愚,徐昌华[译].中国语历史文法(修订译本)[M].北京:北京大学出版社,2003.

[98] 王洪君.历史语言学方法论与汉语方言音韵史个案研究[M].北京:商务印书馆,2014.

[99] 王洪君等.汉语非线性音系学[M].北京:北京大学出版社,2008.

[100] 王力.龙虫并雕斋文集[M].北京:中华书局,1980.

[101] 王力.中国语言学史[M].太原:山西人民出版社,1981.

[102] 王力.汉语史稿[M].北京:中华书局,2004.

[103] 王宁.汉语词源的探求与阐释[J].中国社会科学,1995(2).

[104] 王宁.训诂学原理[M].北京:中国国际广播出版社,1996.

[105] 王士元.语言、语音与技术[M].上海:上海教育出版社,2006.

[106] 王士元.语言是一个复杂适应系统[J].清华大学学报(哲学社会科学版),2006(6).

[107] 王远新.语言理论与语言学方法论[M].北京:教育科学出版社,2006.

[108] 威廉·布罗德[美].朱进宁,方玉珍[译].背叛真理的人们——科学界的弄虚作假[M].上海:上海科技教育出版社,2004.

[109] 温宾利.当代句法学导论[M].北京:外语教学与研究出版社,2002.

[110] 吴福祥.汉语语法化研究[M].北京:商务印书馆,2005.

[111] 吴会芹.语言研究的跨学科视角:语言、大脑与记忆[M].杭州:浙江大学出版社,2012.

[112] 吴洁敏,朱宏达.汉语节律学[M].北京:语文出版社,2001.

[113] 吴其安.历史语言学[M].上海:上海教育出版社,2006.

[114] 萧国政."句本位""词组本位"和"小句中枢"[J].世界汉语教学,1995(4).

[115] 萧国政.现代语言学名著导读[M].北京:北京大学出版社,2009.

[116] 萧国政.语法事件与语义事件——面向人工智能的语言研究[J].长江学术,2020(2).

[117] 萧红.《洛阳伽蓝记》句法研究[M].北京:中国社会科学出版社,2008.

[118] 邢福义.语法问题发掘集[M].武汉:湖北教育出版社,1992.

[119] 邢福义.小句中枢说[J].中国语文,1995(6).

[120] 邢福义.汉语语法学[M].长春:东北师范大学出版社,1996.

[121] 熊仲儒.当代语法学教程[M].北京:北京大学出版社,2013.

[122] 熊仲儒.英汉致使句论元结构的对比研究[M].上海:上海外语教育出版社,2015.

[123] 徐复.徐复语言文字学丛稿[M].南京:江苏古籍出版社,1990.

[124] 徐复.徐复语言文字学晚稿[M].南京:江苏古籍出版社,2007.

[125] 徐杰.词缀少但语缀多——汉语语法特点的重新概括[J].华中师范大学学报(人文社会科学版.2012,51(2).

[126] 徐杰.普遍语法原则与汉语语法现象[M].北京:北京大学出版,2021.

[127] 徐思益.关于汉语流水句的语义表达问题[J].语言与翻译,2002(1).

[128] 徐通锵.语义句法刍议[J].语言教学与研究,1991(3).

[129] 徐通锵."字"和汉语的句法结构[J].世界汉语教学,1994,a(2).

[130] 徐通锵."字"和汉语研究的方法论[J].世界汉语教学,1994,b(3).

[131] 徐通锵.语言论[M].长春:东北师范大学出版社,2000.

[132] 徐通锵.汉语研究方法论初探[M].北京:商务印书馆,2004.

[133] 徐通锵.语言论:语义型语言的结构原理和研究方法[M].北京:商务印书馆,2014.

[134] 许余龙.对比语言学概论[M].上海:上海外语教育出版社,1992.

[135] 尹铁超,包丽坤.普通人类语言学视角下的语音简化性研究[M].北京:北京大学出版社,2010.

[136] 游汝杰,周振鹤.方言与中国文化[M].上海:上海人民出版社,1987.

[137] 俞士汶.计算语言学概论[M].北京:商务印书馆,2003.

[138] 张伯江,方梅.汉语功能语法研究[M].北京:商务印书馆,2014.

[139] 张晖.量守庐学记续编:黄侃的生平和学术[M].上海:生活·读书·新知三联书店,2006.

[140] 张敏.认知语言学与汉语名词短语[M].北京:中国社会科学出版社,1998.

[141] 张延成.《文心雕龙》的语音模式联接观[J].长江学术,2005(7).

[142] 张延成.第二语言习得与学习[M].武汉:湖北教育出版社,2012.

[143] 张延成.国际汉语教学网络资源与技术[M].武汉:湖北教育出版社,2012.

[144] 张延成.汉语作为第二语言的停延习得策略[J].云南师范大学学报(对外汉语版),2013(1).

[145] 张延成.中古汉语称数法研究[M].武汉:武汉大学出版社,2013.

[146] 张宜.中国当代语言学的口述历史[M].北京:中国社会科学出版社,2011.

[147] 章太炎.章太炎全集[M].上海:上海人民出版社,1982.

[148] 赵平.汉维语元音音位异同之比较[J].语言与翻译,2006(2).

[149] 赵世举.汉语研究管见录[M].武汉:湖北人民出版社,2005.

[150] 赵世举.语言与国家[M].北京:商务印书馆,2015.

[151] 赵世举等.语言学与人工智能的跨学科对话[M].北京:中国社会科学出版社,2021.

[152] 赵世开.英汉语言学词汇[M].北京:中国社会科学出版社,1979.

[153] 赵元任.赵元任全集(第三卷)[M].北京:商务印书馆,2004.

[154] 赵元任.赵元任语言学论文集[M].北京:商务印书馆,2006.

[155] 赵元任.丁邦新[译].中国话的文法[M].香港:香港中文大学出版社,1980.

[156]郑毓信.数学方法论入门[M].杭州:浙江教育出版社,2006.

[157]郑远汉.修辞风格研究[M].北京:商务印书馆,2004.

[158]郑子瑜.郑子瑜学术论著自选集[M].北京:首都师范大学出版社,1994.

[159]周法高.中国古代语法(称代编)[M].中国台北:史语所,1961.

[160]周法高.中国古代语法(造句编)[M].中国台北:史语所,1961.

[161]周法高.中国古代语法(构词编)[M].中国台北:史语所,1962.

[162]周祖谟.周祖谟语言学论文集[M].北京:商务印书馆,2001.

[163]朱德熙.现代汉语形容词研究[J].语言研究,1956(1).

[164]朱德熙.说"的"[J].中国语文,1961(12).

[165]朱德熙.语法分析和语法体系[J].中国语文,1982,a(1).

[166]朱德熙.语法答问[M].北京:商务印书馆,1985.

[167]朱德熙.朱德熙文集[M].北京:商务印书馆,1999.

[168]朱德熙.语法讲义[M].北京:商务印书馆,1982.

[169]朱晓农.方法:语言学的灵魂[M].北京:北京大学出版社,2008.

[170]朱晓农.音法演化——发声活动[M].北京:商务印书馆,2012.

[171]赫尔德[德].姚小平[译].论语言的起源[M].北京:商务印书馆,1999.

[172]林赛·韦里[美].类型学导论:语言的共性和差异(Introduction to Typology: the Unity and Diversity of Language)[M].北京:世界图书出版公司, 2009.

[173] Johnson Mark. The Body in the Mind: *The Bodily Basis of Meaning, Imagination, and Reason*[M]. Chicago: University of Chicago Press, 1987.

[174] Lakoff George & Mark Johnson. *Metaphors We Live By*[M]. Chicago: University of Chicago Press, 1980.

[175] Langacker Ronald W. *Nouns and Verbs*[J]. Language, 1987(1).

[176] Langacker Ronald W. *Foundations of Cognitive Grammar*, Vol. 1 & 2[M]. Standford: Standford University Press, 1987.

[177] Lyons John. *Introduction to Theoretical Linguistics*[M]. Cambridge: Cambridge University Press, 1968.

[178] Lyons John. *Semantics. Vol.* 1[M]. Cambridge: Cambridge University Press, 1977.

[179] Mourelatos A.P.D. *Events, processes, and states*[J]. Linguistics and philoso-

phy,1978(1).

［180］Randolph Quirk，Sidney Greenbaum，Geoffrey Leech and Jan Svartvik.*A Comprehensive Grammar of the English Language*［M］.London：Longman，1985.

［181］Roger Lass.*Historical Linguistics and Language Change*［M］.Cambridge：Cambridge University Press,1997.